SEGURANÇA DOCUMENTAL NAS EMPRESAS

TITO LÍVIO FERREIRA GOMIDE

SEGURANÇA DOCUMENTAL NAS EMPRESAS

EDITORA LTr
SÃO PAULO

Dados Internacionais de Catalogação na Publicação (CIP)
(Câmara Brasileira do Livro, SP, Brasil)

Gomide, Tito Lívio Ferreira
Segurança documental nas empresas / Tito Lívio Ferreira Gomide. — São Paulo : LTr, 2005.

ISBN 85-361-0670-0

1. Empresas — Medidas de segurança I. Título.

04-8448 CDD-658.472

Índices para catálogo sistemático:

1. Empresas : Segurança documental : Administração 658.472
2. Segurança documental nas empresas : Administração 658.472

(Cód. 3074.6)

EDITORA LTDA.

Rua Apa, 165 - CEP 01201-904 - Fone (11) 3826-2788 - Fax (11) 3826-9180
São Paulo, SP - Brasil - www.ltr.com.br

Abril, 2005

Dedico este livro a Alexandre, Felipe e Henrique,
queridos filhos, na esperança de viverem
num mundo mais seguro.

PREFÁCIO

É sempre gratificante poder constatar o sucesso de uma carreira.

O professor e engenheiro *Tito Lívio Ferreira Gomide*, já demonstrava quando aluno da Faculdade de Engenharia da FAAP, uma liderança e firmeza de propósitos que o faziam uma pessoa diferenciada.

Viemos a nos encontrar anos depois, já como profissionais, e o *Tito Lívio*, especialmente, como um dos dirigentes do IBAPE — Instituto Brasileiro de Avaliações e Perícias de Engenharia, com vários trabalhos na área de Engenharia de Avaliações e Perícias.

Juntos, e com o apoio do IBAPE, estruturamos o curso de Pós-Graduação em Perícias de Engenharia e Avaliações, o qual foi pioneiro em nosso país.

Pude, ao longo de todos esses anos, passar de professor do competente profissional a constatador do desenvolvimento e da aplicação de um estudioso que ama o que faz.

Hoje o professor *Tito Lívio Ferreira Gomide* é muito mais que um mestre, pois detém o conhecimento e trata de difundi-lo através de trabalhos voltados à sua área de atuação e à comunidade.

Seu livro "Segurança Documental nas Empresas" é oportuníssimo, uma vez que vai preencher espaço importante para aqueles profissionais responsáveis por zelar pela integridade das empresas.

Com um texto objetivo, enriquecido por exemplos práticos, atualizados e alicerçados na ampla vivência do autor à frente do Gabinete de Perícias Gomide, este livro é um significativo instrumento de apoio àqueles que têm consciência da importância de conhecer e aperfeiçoar constantemente as medidas de proteção para a segurança empresarial.

Prof. Arthur Marega

Especialista em Patologia das Construções
e Diretor da Pós-Graduação da FAAP

INTRODUÇÃO

O persistente crescimento da violência no Brasil e no mundo, constitui-se de sério problema da atualidade, consoante demonstram as pesquisas e revelam os noticiários. Inseridos nesse contexto, os crimes e danos envolvendo documentos preocupam pelos significativos prejuízos financeiros provocados às empresas e poder público.

A crescente evolução tecnológica dos meios de comunicação e informação, ao invés de se constituir em obstáculo ao crime, tem facilitado essas ocorrências, como comprovam os desvios de recursos e informações por meios eletrônicos, principalmente com as operações via *internet*.

Nesse contexto também se inserem as operações empresariais envolvendo os documentos gráficos, sujeitas a vulnerabilidades internas e externas.

A importância dos documentos gráficos no mundo empresarial, principalmente por envolver a maioria dos departamentos, com destaque aos recursos financeiros e informações, requer estudo de segurança particularizado, como também ocorre com as demais áreas da Segurança Empresarial, tais como a patrimonial, pessoal ou institucional.

Os golpes empresariais representados por desfalques financeiros, desvios de mercadorias, indenizações trabalhistas indevidas, pagamentos de despesas exorbitantes e outros, podem ser evitados com medidas de Segurança Documental.

A Segurança Documental, portanto, inclui-se como uma das disciplinas indispensáveis da área de Segurança Empresarial, merecedora de estudo específico.

O desenvolvimento do presente trabalho foi realizado em quatro etapas seqüenciais: primeiramente situando a Segurança Documental no universo de abrangência da Segurança Empresarial, em seguida adentrando nas principais ameaças quanto aos crimes e danos, prossegue indicando as respectivas prevenções e finalmente abordando o planejamento necessário para a implantação das medidas protetoras.

Para facilitar o entendimento dos aspectos técnicos, o trabalho contém ilustrações fotográficas e resumos esquematizados, favorecendo o entendimento da matéria até mesmo aos leigos.

A presente publicação é inédita e visa apresentar os conhecimentos básicos de Segurança Documental aos profissionais da área de Segurança, meio empresarial e demais interessados.

1. TECNOLOGIA DA SEGURANÇA DOCUMENTAL

Generalidades

A Segurança Documental insere-se no universo de proteção das pessoas e empresas, interagindo intensamente com os diversos sistemas de segurança.

O estudo da disciplina envolve conhecimentos gerais de Segurança, Criminalística, Planejamento, Artes Gráficas, Administração, e outras matérias, pois os documentos estão presentes na maioria das atividades pessoais e empresariais, exigindo análises complexas e abrangentes.

A Segurança Documental colabora para o bom desempenho dos mais diversos sistemas de segurança empresarial e pessoal, tais como a segurança de informações, segurança patrimonial, segurança institucional, segurança financeira, e até mesmo na segurança pessoal.

Os profissionais das mais diversas áreas da segurança necessitam conhecer a tecnologia da Segurança Documental para agir corretamente ao lidar com documentos, tanto para combater como para prevenir eventuais ameaças à segurança empresarial ou pessoal.

A teoria e prática da disciplina podem ser adquiridas através de treinamentos específicos, porém imprescindíveis, também, os conceitos, princípios e demais conhecimentos genéricos da Segurança.

Princípios

Os estudos documentais sob a ótica de Segurança podem ser desenvolvidos com base nos mesmos princípios e normas que regem a Segurança Empresarial.

Nesse sentido, importante reproduzir os 14 princípios básicos da defesa elencados por *Jean Barral* e *George Langelaan* da obra

"Les Nouveaux Parasite", de Éditions Denoël, 1969, seguidos dos comentários pertinentes ao mundo documental.Tais princípios são os seguintes:

"1º) Um sistema de segurança compreende um conjunto de medidas que se sobrepõem."

No caso da Segurança Documental as medidas envolvem projetos gráficos, especificações, procedimentos e treinamentos.

"2º) A importância de um sistema de segurança é função das ameaças que pesam sobre o que ele protege."

A importância dos documentos para a empresa em estudo balizará o planejamento que estabelecerá os parâmetros da Segurança Documental a ser implantada. As empresas financeiras, grandes contratantes e outras dependentes de documentos escritos estão sujeitas a maiores ameaças e requerem, evidentemente, maiores cuidados nesse mister.

"3º) O valor de um sistema de segurança mede-se por seu ponto mais fraco."

A análise de risco deve merecer atenção especial do consultor de Segurança Documental.

"4º) Um sistema de segurança deve reduzir ao mínimo a demora de intervenção da defesa e retardar ao máximo a possibilidade de agressão."

As medidas preventivas de Segurança Documental também visam a rapidez na intervenção da defesa e o retardamento das agressões.

"5º) O acesso às informações é limitado unicamente às pessoas que têm necessidade de conhecê-las em razão de suas funções."

Os conteúdos devem ser preservados e os arquivos devem ser operados apenas por quem tem necessidade das informações.

"6º) As pessoas vulneráveis não devem ter acesso às informações secretas."

Os documentos importantes devem ser acessados apenas pelas pessoas autorizadas.

"7º) Os riscos devem ser agrupados e os segredos divididos."

Os riscos documentais devem ser combatidos conjuntamente, mas os documentos confidenciais devem se limitar a alguns.

"8º) Trancados ou não, os documentos e materiais importantes devem estar sempre colocados sob uma responsabilidade bem definida."

Os procedimentos de preparo, formalização e utilização dos documentos devem indicar os seus responsáveis.

"9º) Tudo que serve para proteger um segredo é secreto."

A confidencialidade documental deve ser limitada.

"10º) Todo sistema de segurança deve comportar no mínimo um elemento de surpresa para o agressor."

As utilizações de dispositivos gráficos de segurança e outros procedimentos visam causar surpresas aos agressores.

"11º) As medidas de segurança jamais devem atrapalhar a marcha da empresa."

A simplicidade é um dos requisitos essenciais no planejamento de Segurança Documental.

"12º) A segurança deve ser compreendida, admitida e aprovada por todos."

Tratando-se de sistema que protege a empresa e seu pessoal a Segurança Documental deve ser entendida como benefício, motivo da necessidade de divulgação abrangente na empresa.

"13º) A defesa é sempre moral."

O documento, via de regra, representa uma parte da própria empresa, devendo ser defendido como patrimônio físico e moral.

"14º) A segurança exige um entendimento harmonioso no interior da empresa."

A implantação e operação do sistema de Segurança Documental na empresa deve promover harmonia, tendo em vista a grandeza do objetivo, ou seja, a maior segurança empresarial e também pessoal dos colaboradores.

A Segurança Documental é disciplina auxiliar a todos os subsistemas da Segurança Empresarial, colaborando expressivamente com a Segurança de Informação, Segurança Patrimonial, Segurança Financeira, Segurança Pessoal e Segurança Institucional.

Documento de Segurança

Conceito

A palavra documento apresenta diversos significados, tais como base de conhecimento fixada em suporte que sirva como estudo, consulta, informação ou prova, escritura destinada a provar um fato, ou mesmo uma recomendação.

Documento, sob a ótica jurídica, consoante *Moacyr Amaral Santos* na sua obra "Primeiras Linhas de Direito Processual Civil", é a coisa representativa de um fato e destinada a fixá-lo de modo permanente e idôneo, reproduzindo-o em juízo.

Documento, sob a ótica da Grafoscopia, é o suporte que contém o registro gráfico. Tal conceituação considera o suporte como coisa, registro no sentido de imagem fixa e gráfico no sentido de idéia ou fato escrito.

Sabendo-se que Grafoscopia é a disciplina que tem por finalidade determinar a origem do documento gráfico, fica evidente a importância em se poder determinar o autor (quem?), a data de sua elaboração (quando?), o local e a forma de preparação (onde? como?) e o real significado de seu conteúdo (por quê?).

Evidente, portanto, a necessidade da materialidade do objeto que representa o documento.

Esses conceitos técnicos devem orientar aquele visado pela Segurança, no sentido de preservar e garantir a origem e legitimidade dos documentos.

Assim sendo, combinando-se a necessidade da origem, preservação e garantia de legitimidade, pode-se estabelecer o seguinte conceito:

> *DOCUMENTO DE SEGURANÇA é aquele projetado graficamente para minimizar os riscos e facilitar a apuração dos crimes e danos documentais, possuindo suporte e registros gráficos dotados de dispositivos para bem determinar a origem, preservar a integridade e garantir a legitimidade.*

Evitar os crimes, bem como facilitar as apurações dos mesmos, são os objetivos precípuos da Segurança Documental.

A determinação da origem é facilitada através da arte gráfica com *designs* de fontes e acessórios individualizadores.

A preservação da integridade pode ser desenvolvida com suportes resistentes e tintas invioláveis.

A garantia da legitimidade é decorrente da somatória de todas as particularidades de segurança implantadas, destacando-se a combinação das especificações e dispositivos projetados pelos especialistas em Segurança Documental.

Segurança Documental

Preliminarmente, antes mesmo de se adentrar no conceito de Segurança Documental, importante se entender o significado de Segurança Empresarial, que pode ser conceituado da seguinte forma:

> *Segurança Empresarial é a condição de garantia contra os riscos que possam ameaçar a empresa.*

Na mesma linha de raciocínio pode ser conceituada a Segurança Documental, levando-se em consideração a especificidade do enfoque quanto às ameaças, limitadas ao âmbito dos crimes e danos documentais, ou seja:

Segurança Documental é a condição de preservação e garantia contra os riscos de crimes e danos documentais.

A condição de preservação é relativa à vulnerabilidade material dos documentos, pois a grande maioria constitui-se de lançamentos em suporte de papel, produto originário da celulose, suscetível, portanto, de fácil deterioração e degradação. Os cuidados de manuseio, transporte e arquivamento dos documentos são imprescindíveis para preservar a integridade e validade dos documentos.

A condição de garantia está relacionada com a origem do documento e conseqüente legitimidade. Fica comprometida a Segurança Documental em caso de suspeição quanto à legitimidade, motivo da relevância desse particular.

Os crimes e danos são as ameaças que incidem no âmbito documental, devendo, portanto, ser esmiuçadas para a boa análise dos riscos e conseqüente proteção.

Para se obter a Segurança Documental desejada são necessárias intervenções que envolvem os próprios documentos, seus usuários, os crimes e danos pertinentes. As prevenções no projeto e produção, utilização normatizada, treinamento dos usuários e arquivamento dos documentos, com vistas ao atendimento completo da preservação e garantia indispensáveis à boa Segurança Documental, são fundamentais.

Tipologia Documental

Os documentos que ordinariamente requerem segurança podem ser classificados da seguinte forma:

Instrumentos Públicos

a) públicos circulantes — emitidos para a livre circulação pública, tais como papéis-moeda, selos, passes, bilhetes de transportes, ingressos etc.;

b) públicos individuais — emitidos por órgão público para uso individual, tais como cédulas de identidade, passaportes, carteiras de motorista, CIC's, títulos de eleitor, certidões, mandados, carnês de impostos etc.;

c) públicos de autoridade — emitidos por autoridade pública para criar direitos e deveres, tais como memorandos, portarias, decretos, editais etc.

Instrumentos Particulares

a) *financeiros* — utilizados por instituições financeiras nas suas operações de crédito, tais como cheques, títulos de ações, extratos, notas promissórias, letras de câmbio etc.;

b) *comerciais* — utilizados nas transações entre o comércio, a indústria e os consumidores, tais como pedidos, notas fiscais, comprovantes de entrega de mercadorias, recibos etc.;

c) *empresariais* — utilizados interna e externamente pelas empresas nas suas atividades administrativas e de comunicação, tais como catálogos, correspondências, recados, recibos de pagamento, cartões de ponto etc.;

d) *escolares* — emitidos por entidades de ensino, tais como boletins, certidões, certificados, diplomas etc.;

e) *contratuais* — instrumentos firmados nas compras e vendas, nos serviços e demais obrigações entre duas partes, tais como recibos de sinal, certificados de transferências de autos, contratos etc.;

f) *sociais* — expedidos por pessoa física nas suas relações sociais e familiares, tais como cartas, convites, bilhetes, testamentos etc.

Mensagem Virtual

Deve-se consignar, preliminarmente, que mensagem, em geral, é documento informal. Mensagem é um recado ou notícia, enquanto documento é instrumento escrito que, por direito, faz fé daquilo que atesta.

Mensagem virtual, portanto, é o recado ou notícia emitida por meio eletrônico *(bits)*, através de um programa informatizado instalado numa máquina.

Surgiram, com a informatização dos meios de comunicação as mensagens virtuais, que podem ser operacionalizadas de diversas formas, tais como aquelas procedidas por cartões com códigos magnéticos, senhas eletrônicas, *e-mails* etc. Apesar da virtualidade dessas mensagens, que se disseminaram globalmente no mundo moderno, e que prestam serviço insubstituível, pela facilidade e velocidade dessas comunicações, muitos as confundem com os verdadeiros documentos, mas elas não possuem os requisitos de segurança desses instrumentos.

A imaterialidade dessas mensagens impossibilita o atendimento de dois dos três requisitos essenciais que caracterizam o documento, representados por:

a) a caracterização da livre inserção dos dados ou a descrição dos fatos que se quer registrar;

b) a possibilidade de determinação das adulterações através de vestígios;

c) a necessidade de identificação dos emitentes das vontades.

Os denominados "cartões magnéticos", as "assinaturas eletrônicas ou digitalizadas", os "códigos eletrônicos criptografados", os *"e-mails"* etc., constituem-se, portanto, de simples meios de operação das máquinas informatizadas, representando mensagens, que não se confundem com os verdadeiros documentos.

As mensagens operacionalizadas por essas máquinas, via de regra, não possibilitam a determinação das adulterações.

Impossível identificar-se o verdadeiro emitente da mensagem ou operador da máquina, através de vestígios.

As senhas podem ser transmitidas verbalmente, elas não são intransferíveis como as verdadeiras assinaturas gráficas. Os cartões podem ser clonados, os *e-mails* podem ser enviados por qualquer pessoa que opere o computador, ou seja, não há o mínimo de certeza sobre o autor de tais mensagens ou operações.

Desta forma, apesar dos esforços das empresas do setor da informática, bancos e outros interessados, no sentido de tentar caracterizar tais mensagens como documentos, impossível tal objetivo.

O fluxograma apresentado no quadro anexo evidencia claramente as diferenças de operação entre o documento e a mensagem

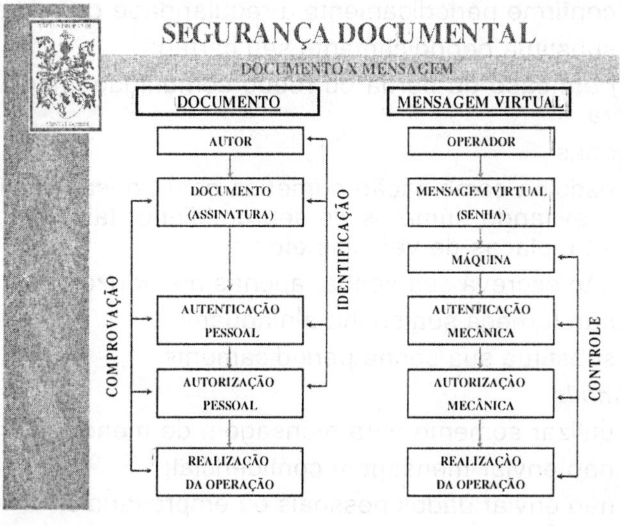

virtual, destacando-se que o primeiro possibilita a identificação dos autores, enquanto as mensagens virtuais, permitem, tão-somente, o controle das operações efetuadas pela máquina.

No entanto, considerando a larga utilização dos cartões magnéticos e outros meios de comunicação virtual, pela praticidade de seu uso, impossível, também, o banimento dessas mensagens, sob a alegação de sua fragilidade na segurança. Porém, por cautela, deve-se limitar o uso dessas mensagens às comunicações e transações de menor importância. A proliferação do crime digital confirma essa assertiva.

Sendo, portanto, usual esse meio de mensagem no mundo moderno, importante adotar-se alguns procedimentos preventivos, para se minimizar o risco dos crimes digitais. As medidas preventivas mais comezinhas contra os crimes digitais são as seguintes:

Cartões Magnéticos

1) assine imediatamente o verso do cartão ao recebê-lo;

2) não cole qualquer adesivo no cartão;

3) não exponha o cartão ao meio ambiente (sol, chuva, poeira etc.);

4) não exponha o cartão a campos magnéticos (TV, rádio etc.);

5) não dobre o cartão;

6) não forneça o cartão para uso de terceiros;

7) não aceite ajuda de terceiros na operação do cartão;

8) confirme periodicamente a regularidade de seu extrato;

9) substitua periodicamente seu cartão;

10) em caso de perda ou roubo comunique imediatamente a operadora.

Senhas

1) escolha combinação numérica com pouca repetição de algarismos evitando números de seu cotidiano, tais como datas de nascimento, placas de veículos etc.;

2) não escreva sua senha, apenas memorize;

3) não forneça sua senha a ninguém;

4) substitua sua senha periodicamente.

E-mails

1) utilizar somente para mensagem de menor valor;

2) não enviar mensagem confidencial;

3) não enviar dados pessoais ou empresariais;

4) não aceitar mensagem como comprovante;
5) não enviar mensagem de operação de crédito;
6) não abrir mensagem de remetente desconhecido ou suspeito;
7) jamais enviar mensagem com senha.

Evitar, portanto, sempre que possível, as mensagens virtuais, preferindo os documentos de segurança nas suas comunicações e transações, preferencialmente com suporte em papel, textos impressos ou manuscritos e assinaturas dos responsáveis.

Vale lembrar, finalmente, e repetir que não merecem fé as mensagens virtuais, por não se tratarem de verdadeiros documentos, devendo, portanto, ser evitadas ao máximo, principalmente nas comunicações e transações importantes.

Resumo esquemático

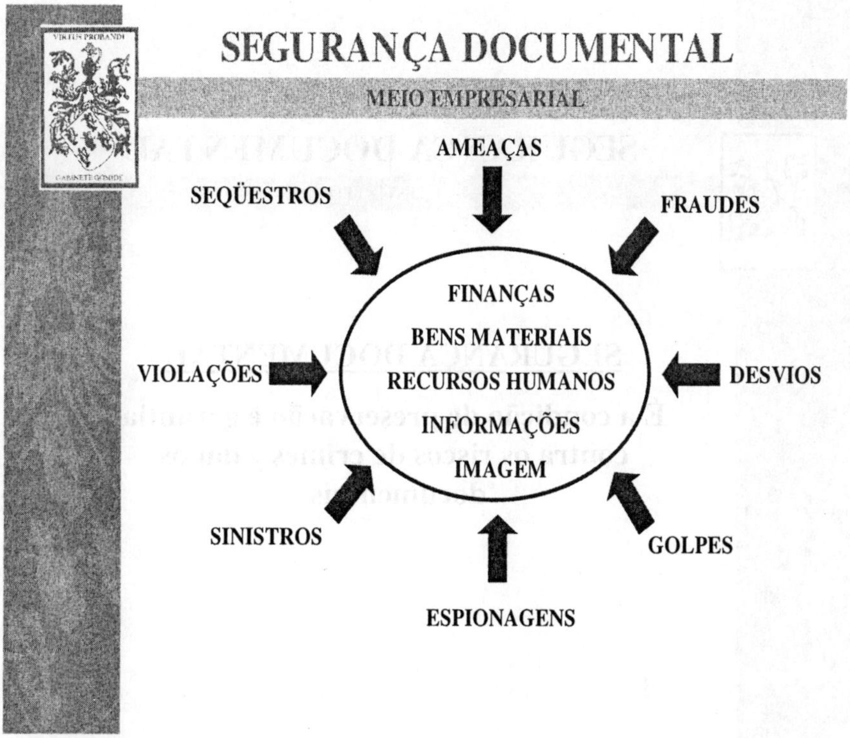

SEGURANÇA DOCUMENTAL

SEGURANÇA EMPRESARIAL

SEGURANÇA DE INFORMAÇÃO	SEGURANÇA PATRIMONIAL	SEGURANÇA FINANCEIRA	SEGURANÇA PESSOAL	SEGURANÇA INSTITUCIONAL

SEGURANÇA DOCUMENTAL

SEGURANÇA DOCUMENTAL

CONCEITO

SEGURANÇA DOCUMENTAL

É a condição de preservação e garantia contra os riscos de crimes e danos documentais.

SEGURANÇA DOCUMENTAL

DOCUMENTO EMPRESARIAL

A <u>INFORMAÇÃO</u> SE MATERIALIZA ATRAVÉS DO DOCUMENTO

- **<u>A identificação</u> se processa pelo documento**
- **<u>O contrato</u> se firma através de documento**
- **<u>A autorização</u> depende de documento**
- **<u>O recebimento</u> vem por documento**
- **<u>O pagamento</u> é feito por documento**
- **<u>O crime empresarial</u>, em geral, envolve documentos**

SEGURANÇA DOCUMENTAL

DOCUMENTO DE SEGURANÇA

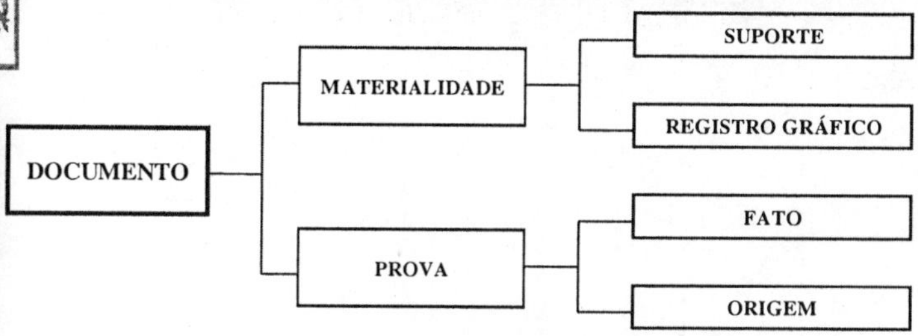

<u>DOCUMENTO DE SEGURANÇA</u>

É AQUELE PROJETADO GRAFICAMENTE PARA MINIMIZAR OS RISCOS E FACILITAR A APURAÇÃO DOS CRIMES E DANOS DOCUMENTAIS, POSSUINDO SUPORTE E REGISTROS GRÁFICOS DOTADOS DE DISPOSITIVOS PARA BEM DETERMINAR A ORIGEM, PRESERVAR A INTEGRIDADE E GARANTIR A LEGITIMIDADE.

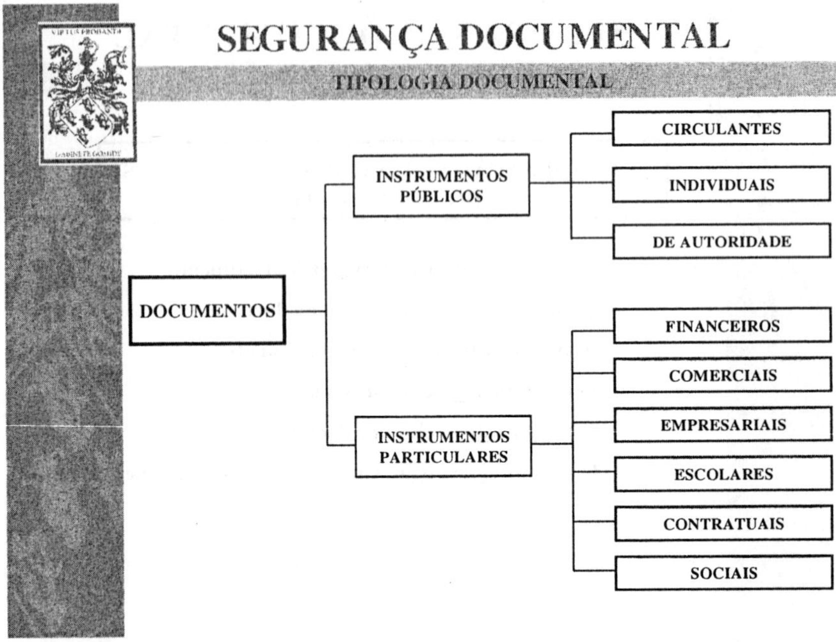
SEGURANÇA DOCUMENTAL
TIPOLOGIA DOCUMENTAL
DOCUMENTOS
INSTRUMENTOS PÚBLICOS
CIRCULANTES
INDIVIDUAIS
DE AUTORIDADE
INSTRUMENTOS PARTICULARES
FINANCEIROS
COMERCIAIS
EMPRESARIAIS
ESCOLARES
CONTRATUAIS
SOCIAIS

2. CRIMES E DANOS DOCUMENTAIS

Conceituação

As ocorrências criminosas e os danos envolvendo documentos são bastante diversificados, em decorrência da expressiva produção, circulação e guarda de documentos na maioria das divisões empresariais.

As ações de proteção das pessoas, bens materiais, finanças, informações e imagem das empresas requerem uma gama de cuidados contra os mais diversos crimes e danos, tais como as fraudes, os golpes, as espionagens, as violações e até mesmo os roubos, os incêndios, as ameaças, os vazamentos de informações sigilosas, quase todos envolvendo um ou mais documentos.

Os bilhetes dos seqüestros, as cartas anônimas, as falsificações e as cópias desautorizadas, são exemplos da diversidade de documentos criminosos passíveis de serem estudados pela Segurança Documental, tanto para o êxito na apuração, quanto na determinação da prevenção mais adequada para a empresa.

Os documentos empresariais e crimes correlatos devem ser minuciosamente analisados e estudados, visando propiciar boa condição de preservação e garantia contra ocorrências prejudiciais à empresa, consoante objetivo da Segurança Documental.

Os principais crimes documentais são as fraudes gráficas, os golpes, as espionagens, os seqüestros e as ameaças. Os danos ocorrem com os incêndios, os trituramentos e outras violações, intencionais ou não.

A Segurança Documental também costuma prestar grande auxílio nos casos de suicídio, intrigas, difamações e demais ocorrências envolvendo documentos.

Fraudes Gráficas

As fraudes gráficas são os procedimentos indevidos praticados durante ou após os lançamentos escritos.

Trata-se do crime documental mais corriqueiro, pois visa a rápida obtenção de recursos financeiros com os golpes.

As principais fraudes gráficas são as seguintes:

Contrafações — são as reproduções imitativas dos impressos.

Os principais objetos da contrafação são as cédulas de papel-moeda, documentos de identificação, notas fiscais, bilhetes de transporte, *tickets*-refeições e ingressos.

Utilizando-se de gráficas clandestinas as quadrilhas produzem grandes tiragens visando obter vantagens com a venda indevida, normalmente a preços irrisórios.

Alterações — são as modificações dos conteúdos originais dos documentos.

Os principais objetos são os próprios documentos empresarias, modificados para auferir vantagens indevidas aos favorecidos.

As rasuras, os acréscimos, as lavagens químicas e os recortes são os procedimentos utilizados para modificar o conteúdo do documento, com o fim da vantagem indevida.

Os valores das notas fiscais de reembolso de despesas e as datas de validade de exames médicos são registros gráficos muito visados nas alterações.

Falsidades Gráficas — são as cópias dos grafismos produzidas através imitação servil, de memória, por decalque, exercitada e até mesmo sem imitação, quando o falsário não dispõe do modelo original.

As assinaturas e rubricas das autorizações de toda natureza são os objetos principais das falsidades, tais como os títulos de crédito, cheques, liberação de férias, do FGTS, canhotos de notas fiscais, e outros.

As falsificações gráficas podem ser grosseiras, ou não, e devem ser confirmadas por peritos grafoscópicos.

FALSIFICAÇÃO SEM IMITAÇÃO

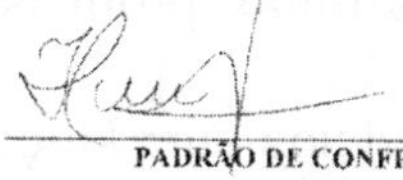

PADRÃO DE CONFRONTO

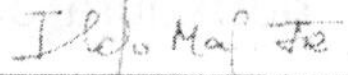

PEÇA DE EXAME

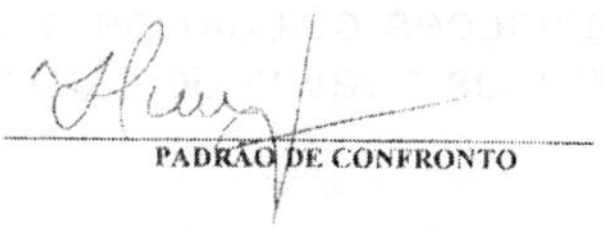

PADRÃO DE CONFRONTO

FALSIFICAÇÃO POR IMITAÇÃO SERVIL

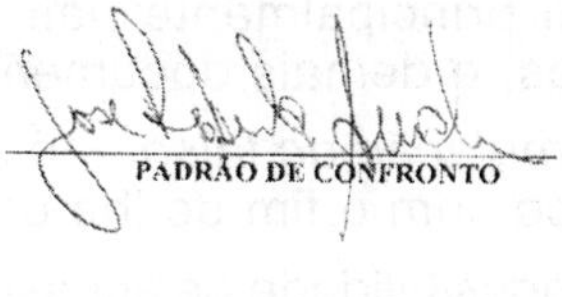

PADRÃO DE CONFRONTO

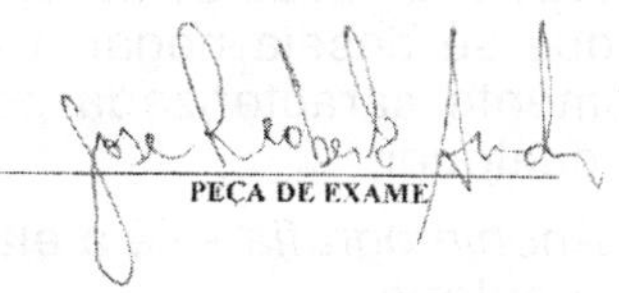

PEÇA DE EXAME

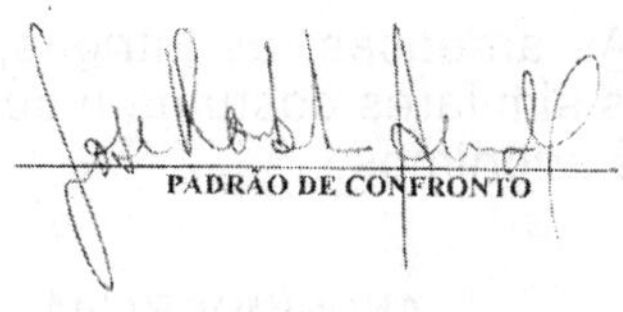

PADRÃO DE CONFRONTO

FALSIFICAÇÃO POR DECALQUE

PADRÃO DE CONFRONTO

PEÇA DE EXAME

PADRÃO DE CONFRONTO

FALSIFICAÇÃO POR IMITAÇÃO DA MEMÓRIA

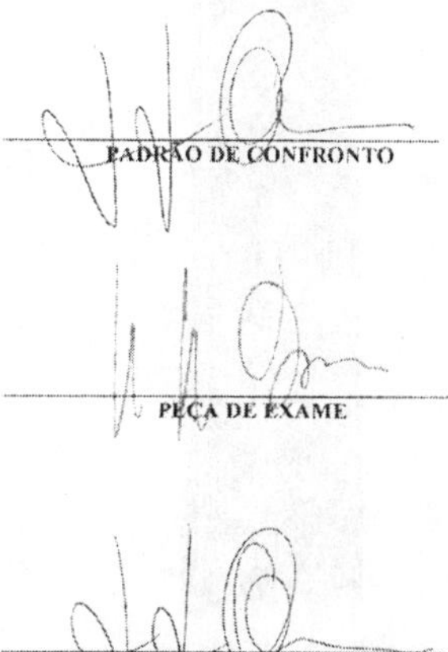

PADRÃO DE CONFRONTO

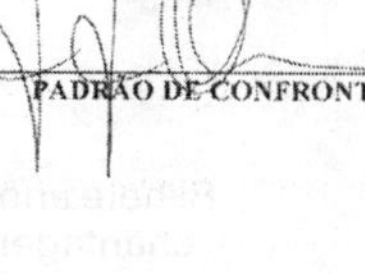

PEÇA DE EXAME

PADRÃO DE CONFRONTO

Autofalsificação — consiste na introdução de disfarces no lançamento da própria assinatura.

Com o objetivo de negar a autoria mais adiante os disfarces ocorrem principalmente nas assinaturas das notas promissórias, contratos, e demais documentos similares.

Simulação de falso — é a introdução de vícios num lançamento gráfico com o fim de lhe dar aparência de falsidade.

A possibilidade de acesso ao documento assinado anteriormente e que se deseja negar a autoria favorece esse tipo de fraude, usualmente caracterizada pelo recobrimento, borradura ou outro vício qualquer.

Anonimografia — é a elaboração de documento com a ocultação da autoria.

As ameaças, as intrigas, as difamações caluniosas e outros delitos similares costumam ser perpetrados através de cartas e bilhetes anônimos.

ANONIMOGRAFIA ATRAVÉS DE NORMÓGRAFO

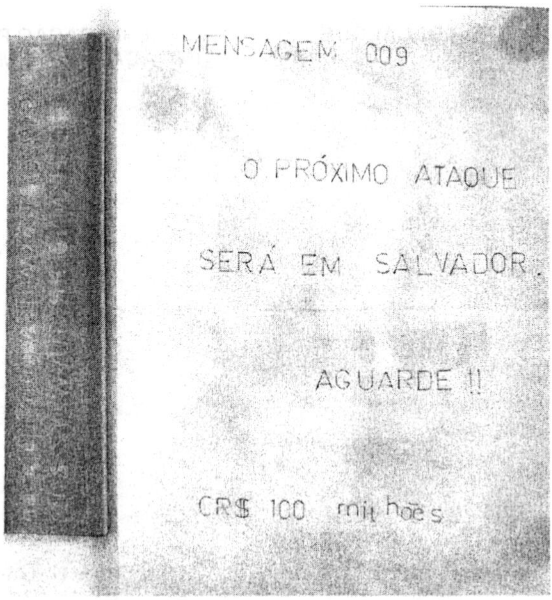

Bilhete anônimo visando extorsão mediante chantagem contendo impressões digitais

ANONIMOGRAFIA

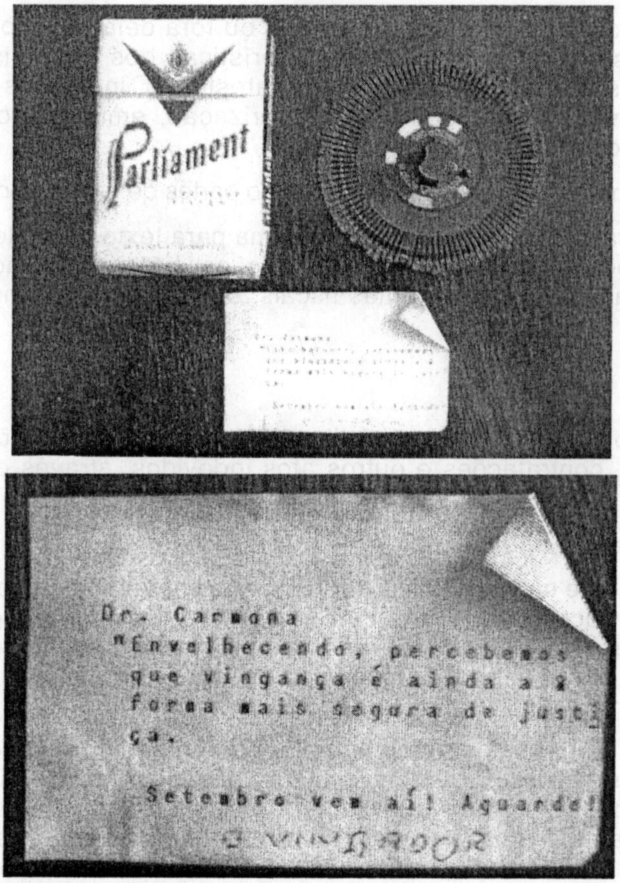

Texto datilografado em papel-alumínio de maço de cigarros através de máquina eletrônica Olivetti com margarida

Falsidade Ideológica — consiste na produção de documento falso, através de expediente que não prejudique a sua legitimidade material.

A inserção de texto em documento assinado em branco é o procedimento mais usual desse tipo de fraude gráfica.

Plágio Gráfico — é a imitação da arte gráfica com modificações desautorizadas.

Os logotipos, as embalagens, os materiais promocionais e outros documentos podem ser copiados com pequenas modificações visando induzir o cliente a engano para contratar com a concorrência.

Clonagens — são as cópias idênticas desautorizadas.

Produzidas na própria empresa ou fora dela, as cópias apresentam-se com as mesmas características dos originais. Exemplos dessa fraude são os crachás, atestados, ingressos e outros documentos reproduzidos sem autorização, emitidos por funcionários inescrupulosos.

Montagens — são cópias contendo partes de outros documentos.

O translado de assinatura legítima para texto fraudulento através de recortes, montagens e reproduções xerográficas são comuns em cópias de contratos, notas fiscais, e demais documentos.

Golpes

São os procedimentos delituosos visando identificações, autorizações, contratações e outros atos indevidos, através da utilização de documentos fraudulentos, ou não.

Identificação

O golpe na identificação consiste na liberação de impostor por meio de documento. Ela pode ocorrer com documento legítimo ou falso. Na primeira hipótese a falha decorre da verificação equivocada do identificando; na segunda, do equívoco na verificação do documento.

Os crachás dos funcionários e as cédulas de identidade dos visitantes são os documentos mais utilizados nas identificações. Os crachás, em geral, possuem fotografias e dados pessoais dos identificandos, servindo para as identificações internas e facilidade de comunicação entre os funcionários. Tais documentos podem servir também de autorização para a circulação interna e outras operações, tais como o acesso ao refeitório, atendimento médico etc.

A cédula de identidade e o crachá exclusivamente gráfico dependem da verificação humana para apurar sua legitimidade e da confrontação da fotografia e demais dados pessoais, para a autorização. Tal operação também está sujeita a erro; porém, é muito mais segura que aquela realizada com os documentos eletrônicos, pois a máquina sempre aceita qualquer usuário do cartão original ou cartão clonado. Acrescente-se que a verificação humana permite observar o comportamento do usuário, bem como possibilita o testemunho posterior pelo agente conferente.

Autorização e Contratação

Os golpes nas autorizações e contratações decorrem da aceitação de documentos falsificados ou das ações delituosas dos responsáveis.

Os documentos escritos das autorizações e contratações, tais como os comprovantes de envios de mercadorias, recebimentos, consultas médicas, despesas, operações bancárias, emissões de notas fiscais, pagamentos, instrumentos etc., via de regra, constituem-se de impressos-padrão contendo assinaturas dos responsáveis. As liberações de mercadorias e os pagamentos indevidos através desses documentos são os principais objetivos dos golpistas.

Espionagens

São os procedimentos ilegais ou desautorizados para a obtenção indevida de informação.

Tais ocorrências compõem-se de sérias e crescentes ameaças às empresas, devido à busca frenética pela vantagem competitiva, fator preponderante para a sobrevivência no mundo globalizado. Tal circunstância impele as empresas na busca incessante de informações atualizadas ou de vanguarda visando a própria subsistência.

As atividades da concorrência, a real situação do mercado, as novas tecnologias dos produtos, as regras tributárias, as fusões e aquisições, enfim, toda a gama de informação necessária ao bom desenvolvimento empresarial pode ser obtida regularmente, através de pesquisas, ou por meio de vazamentos e espionagens.

A espionagem segue o conhecido método da coleta, classificação, análise e utilização das informações obtidas.

As coletas de informações por espionagens costumam ocorrer através de contatos verbais com funcionários e verificações de documentos, estas conseguidas através das reproduções xerográficas, fotografias ou subtrações, motivo de prevenções específicas contra esse grave crime documental.

Considerando que atualmente as informações constituem-se do bem mais precioso da maioria das empresas, tais subtrações podem causar danos irreparáveis, principalmente se atingirem os segredos do negócio.

Os documentos visados pelos espiões são os projetos, as fórmulas e demais segredos empresariais, em geral buscados mediante assédio aos funcionários, furtos e obtenções de cópias através de fotos, filmes, reprografias e ataques pela *internet*.

Violações

As violações são os procedimentos que visam prejudicar ou destruir os documentos. As ações mais comuns consistem na trituração, combustão e encharcamento.

Tais ações derivam do interesse do agente em prejudicar o bom funcionamento da empresa, mediante a destruição de informações importantes.

Em geral essa ação criminosa é proveniente de funcionários descontentes ou da concorrência desleal.

Seqüestros, ameaças e outros crimes

A utilização de cartas anônimas ou bilhetes de seqüestros, em determinados crimes, bem como os vestígios gráficos deixados nos locais constituem-se de preciosos elementos técnicos para as respectivas apurações.

Os exames de referidos documentos podem determinar a autoria e o conseqüente desvendamento do crime.

Ao se identificar o autor da ameaça ou carta anônima, por exemplo, soluciona-se o crime e reduz-se expressivamente o risco da reincidência.

A apuração desses crimes, portanto, também representa condição de preservação contra futuros riscos, atendendo, pois, ao objetivo da Segurança Documental.

Os atos de terrorismo também ocorrem no mundo empresarial, visando abalar o sucesso e a moral das pessoas, para prejudicar a empresa ou então como ato de vingança de funcionário demitido, fornecedor excluído das relações comerciais ou outros motivos. Esses atos podem se manifestar através de carta-bomba, ou envenenada.

A sabotagem pode ocorrer através da alteração de documentos referentes a fórmulas químicas ou procedimentos industriais, prejudicando a produção ou o bom andamento empresarial.

Resumo esquemático

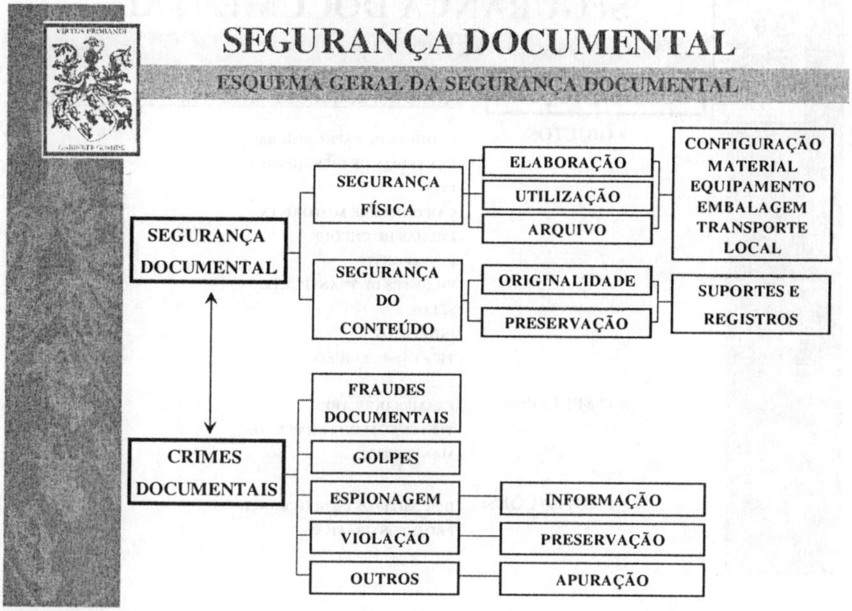

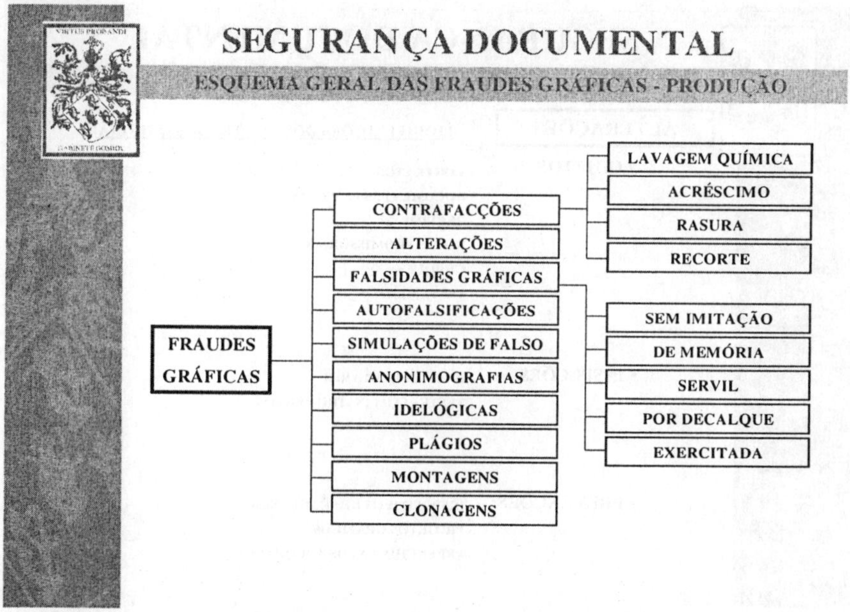

SEGURANÇA DOCUMENTAL

FRAUDES GRÁFICAS

CONTRAFACÇÕES — SÃO AS REPRODUÇÕES IMITATIVAS DOS IMPRESSOS

- OBJETOS:
  - CÉDULAS DE PAPEL-MOEDA
  - CARTEIRAS DE IDENTIDADE
  - CICS
  - CARTEIRAS DE MOTORISTA
  - FOLHAS DE CHEQUE
  - PASSAPORTES
  - BILHETES DE TRANSPORTE
  - SELOS
  - INGRESSOS
  - TICKETS-REFEIÇÃO
- INSPEÇÕES:
  - EXAMES OCULARES
  - TESTES COM INSTRUMENTOS
  - MANUSEIOS
- PREVENÇÕES:
  - DISPOSITIVOS DE SEGURANÇA
  - PROJETOS GRÁFICOS

SEGURANÇA DOCUMENTAL

FRAUDES GRÁFICAS

ALTERAÇÕES — MODIFICAÇÕES DOS CONTEÚDOS ORIGINAIS

- OBJETOS:
  - CONTRATOS
  - DOCUMENTOS PESSOAIS
  - RECIBOS
  - NOTAS PROMISSÓRIAS
  - CHEQUES
  - TESTAMENTOS
- INSPEÇÕES:
  - EXAMES OCULARES
  - TESTES COM INSTRUMENTOS
- PREVENÇÕES:
  - DISPOSITIVOS DE SEGURANÇA
  - PROJETOS GRÁFICOS
  - PREENCHIMENTOS ADEQUADOS

SEGURANÇA DOCUMENTAL

FRAUDES GRÁFICAS

FALSIDADES

AUTOFALSIFICAÇÕES

SIMULAÇÕES DE FALSO

SÃO AS CÓPIAS, DISFARCES E VÍCIOS DOS GRAFISMOS

- **OBJETOS:**
  - ASSINATURAS
  - MANUSCRITOS
  - ALGARISMOS
- **INSPEÇÕES:**
  - EXAMES OCULARES
  - COTEJOS GRAFOSCÓPICOS
  - TESTES COM INSTRUMENTOS
- **PREVENÇÕES:**
  - PROJETOS GRÁFICOS
  - INSTRUMENTOS ESCREVENTES ADEQUADOS
  - POSICIONAMENTO ADEQUADO

SEGURANÇA DOCUMENTAL

FRAUDES GRÁFICAS

FALSIDADE IDEOLÓGICA

É A PRODUÇÃO DE DOCUMENTO FALSO APESAR DE SUA LEGITIMIDADE MATERIAL

- **OBJETOS:**
  - NPS
  - DOCUMENTOS DE CRÉDITO
  - CONTRATOS
- **INSPEÇÕES:**
  - EXAMES OCULARES
  - GABARITOS
  - TESTES
- **PREVENÇÕES:**
  - JAMAIS ASSINAR "EM BRANCO"
  - PROJETO GRÁFICO E CUIDADOS NA ASSINATURA

SEGURANÇA DOCUMENTAL

FRAUDES GRÁFICAS

ANONIMOGRAFIA — É A ESCRITA COM OCULTAÇÃO DE AUTORIA

- OBJETOS:
  - CONTAS E BILHETES
- INSPEÇÕES:
  - EXAMES OCULARES
  - COTEJOS GRAFOSCÓPICOS
  - TESTES COM INSTRUMENTOS
- PREVENÇÕES:
  - MANIPULAÇÃO CUIDADOSA E NÃO DIVULGAR CONTEÚDO

SEGURANÇA DOCUMENTAL

FRAUDES GRÁFICAS

PLÁGIOS — IMITAÇÃO DE ARTE GRÁFICA COM MODIFICAÇÕES DESAUTORIZADAS

- OBJETIVOS:
  - EMBALAGENS
  - TIMBRES
  - LOGOTIPOS
  - CAPAS DE LIVROS OU DISCO
- INSPEÇÕES:
  - COTEJOS GRÁFICOS
- PREVENÇÕES:
  - SUPORTES E REGISTROS DE SEGURANÇA
  - PROJETO GRÁFICO

SEGURANÇA DOCUMENTAL

FRAUDES GRÁFICAS

MONTAGENS — SÃO CÓPIAS CONTENDO PARTES DE OUTROS DOCUMENTOS

- **OBJETIVOS:**
  - CÓPIAS XEROX
  - FAX
  - REPRODUÇÕES DE IMPRESSORAS COMPUTADORIZADAS
- **INSPEÇÕES:**
  - COTEJOS COM O ORIGINAL
  - INSPEÇÃO OCULAR
  - TESTES COM INSTRUMENTAL
- **PREVENÇÕES:**
  - EVITAR CÓPIAS AO INVÉS DOS ORIGINAIS

SEGURANÇA DOCUMENTAL

FRAUDES GRÁFICAS

CLONAGENS — SÃO AS CÓPIAS DESAUTORIZADAS

- **OBJETIVOS:**
  - NOTAS FISCAIS
  - INGRESSOS
  - CÉDULAS DE PAPEL-MOEDA
  - MULTAS DE TRÂNSITO
  - CRACHÁS
- **INSPEÇÕES:**
  - COTEJOS GRÁFICOS
- **PREVENÇÕES:**
  - FISCALIZAÇÀO E CONTROLE NA PRODUÇÃO GRÁFICA

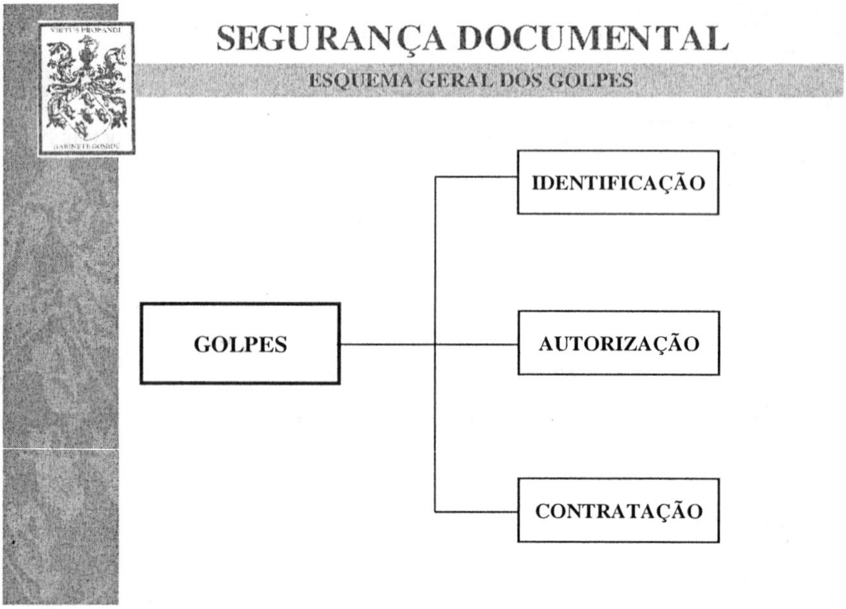
SEGURANÇA DOCUMENTAL
ESQUEMA GERAL DOS GOLPES
GOLPES
IDENTIFICAÇÃO
AUTORIZAÇÃO
CONTRATAÇÃO

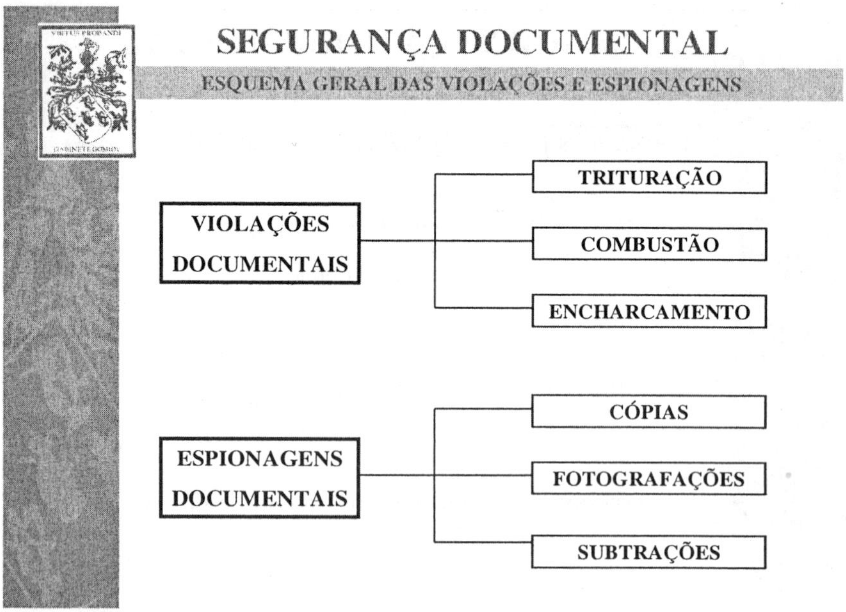
SEGURANÇA DOCUMENTAL
ESQUEMA GERAL DAS VIOLAÇÕES E ESPIONAGENS
VIOLAÇÕES DOCUMENTAIS
TRITURAÇÃO
COMBUSTÃO
ENCHARCAMENTO
ESPIONAGENS DOCUMENTAIS
CÓPIAS
FOTOGRAFAÇÕES
SUBTRAÇÕES

SEGURANÇA DOCUMENTAL

ESQUEMA GERAL DE OUTROS CRIMES DOCUMENTAIS

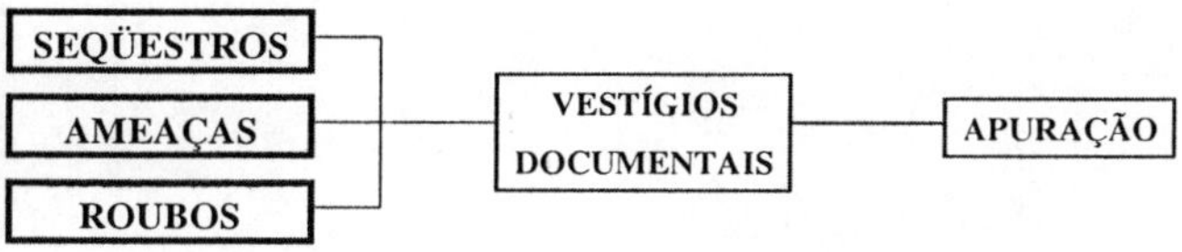

3. MEDIDAS PREVENTIVAS

Generalidades

As medidas de proteção visam minimizar os riscos dos crimes e danos documentais.

Os procedimentos envolvem os documentos empresariais, públicos, de identificação etc., e também aqueles dos vestígios dos crimes documentais.

Os aspectos preventivos, detectivos, corretivos e revisores devem ser contemplados pelas medidas de segurança, sempre pautados pelas duas vertentes, ou seja, a produção do próprio documento (projetos gráficos e especificações) e sua utilização (normas e treinamentos).

As análises gerais das possibilidades de crimes documentais, experiências adquiridas com as tentativas e crimes perpetrados, bem como os diagnósticos realizados, são os elementos que determinarão a estratégia preventiva a ser implantada na empresa.

Projeto Gráfico

Selecionando os suportes, registros gráficos (instrumentos escreventes) e dispositivos adequados, o especialista em Segurança Documental maximizará a preservação e minimizará o risco da ocorrência dos crimes documentais.

O projeto gráfico adequado visa evitar, principalmente, as fraudes gráficas, além de contribuir para a devida preservação documental.

Não existe um projeto-padrão que possa ser generalizado. Cada empresa possui um perfil, devendo-se estudar caso a caso o desenvolvimento do projeto gráfico. Cada documento, em função de sua importância, deve merecer estudo apropriado, para que seu projeto gráfico atenda as exigências mínimas de segurança e também de custo.

As instituições financeiras, por exemplo, exigem cuidados documentais superiores àqueles dirigidos às empresas do comércio varejista. As transações dos bancos, principalmente os documentos dos empréstimos e contratos requerem projetos gráficos com dispositivos de segurança documental melhor elaborados do que aqueles dos talonários de notas fiscais, pedidos, e outros da atividade varejista, por exemplo. Assim sendo, necessário o conhecimento das especificações e dispositivos de segurança dos suportes, registros gráficos, grafismos, tintas e instrumentos escreventes.

Suportes Gráficos

Conceito

Os suportes são os materiais, objetos ou superfícies utilizados para a fixação dos registros gráficos.

Histórico

Nos primórdios da humanidade os suportes eram formados das paredes rochosas. Com a evolução o homem criou suportes mais adequados, de fácil transporte, como os tabletes de barros, os tecidos, os papiros, os pergaminhos e mais recentemente os papéis, invenção atribuída a Ts'ai Hum, oficial do Império Chinês, por volta de 105 d. C.

Outros materiais têm sido utilizados como suporte, tais como os plásticos, cerâmicas, placas de vidros, madeira etc.; porém, o papel continua sendo o principal suporte gráfico utilizado pelo homem.

Características e Propriedades

O papel é material resultante da fabricação de uma combinação de produtos, predominando a pasta de matéria fibrosa de origem vegetal, colas de breu, compostos de alumínio, materiais minerais de baixa granulometria e corantes.

As características e propriedades do papel podem ser avaliadas pelos seguintes exames e ensaios em laboratório:

Físicos

Gramatura, espessura, volume específico, permeância ao ar, aspereza, resistência à tração, alongamento, resistência ao arrebentamento, resistência ao rasgo, resistência a dobras duplas, reflectância, opacidade, brilho e cor.

Químicos

Alcalinidade, acidez e aditivos.

As determinações das características e propriedades dos papéis podem caracterizar importante recurso para a Segurança Documental, principalmente nos casos de contrafações de cédulas de papel-moeda.

Registros Gráficos

São as imagens fixas de idéias ou fatos representados por sinais, símbolos ou caracteres.

Os registros gráficos são formados através de materiais submetidos a processos físicos ou químicos, tais como aqueles decorrentes da combinação atrito e tinta ou lápis (escrita), pressão e tinta (tipografia), calor, pressão e toner (xerox) e outros.

Os exames dos registros gráficos costumam auxiliar e solucionar casos envolvendo a Segurança Documental.

Escritas Diretas

São os registros gráficos que devem conter elementos técnicos mínimos para a determinação de sua origem.

As escritas podem ser diretas ou indiretas, conforme o tipo de formação.

As escritas diretas ou grafismos são aquelas que provêm diretamente do homem, através dos gestos. Os grafismos podem apresentar-se, quanto à forma, com as seguintes configurações:

— assinaturas;

— rubricas;

— escrita em cursivo;

— escritas em letras de fôrma;

— pictografias;

— criptografias.

A escrita direta constitui-se do melhor meio de identificação humana e de seu arbítrio. Tal afirmativa baseia-se na circunstância de que somente o homem vivo e lúcido pode escrever. Nem mesmo as impressões digitais e de íris são tão completos meios de identificar e representar a vontade humana, pois tanto o homem morto como o louco podem fornecem tais impressões.

As escritas diretas, por isso, merecem cuidados especiais, principalmente a assinatura pessoal, pois tal lançamento é o registro gráfico individual que determina o arbítrio de um ato. O estudo do grafismo pessoal, incluindo-se minuciosa análise grafoscópica, é medida de segurança imprescindível para se evitar fraudes ou facilitar a apuração de tais delitos, reportando-se à consultoria juntada no anexo do capítulo 5 do presente livro.

A seleção do tipo de escrita direta adequado para se inserir em cada tipo de documento, bem como a avaliação de sua qualidade, também deve fazer parte da consultoria em Segurança Documental.

A aposição de rubrica ou assinatura, bem como de manuscritos em documentos, deve ser previamente planejada. Tal cuidado dificulta a fraude documental e pode facilitar a apuração, quando de sua ocorrência.

Medida de segurança documental muito útil é a obrigatoriedade do fornecimento de material gráfico com manuscritos, rubricas e assinaturas aos candidatos a funcionário, *vide* anexo do capítulo 5, e também a obrigatoriedade do preenchimento manuscrito de dados pessoais e assinatura em ficha de autorização para visitantes e demais pessoas que ingressem na empresa. Esse cuidado permitirá a posterior identificação de qualquer pessoa que tenha ingressado na empresa. Vale lembrar que disfarces físicos e documentos falsos são rotinas aos criminosos mais diligentes. Porém, mesmo que disfarcem suas escritas, eles poderão ser identificados posteriormente através da perícia grafoscópica.

Além de classificar os documentos em níveis de importância e treinar os funcionários para evitar as espionagens recomenda-se adotar a criptografia para os assuntos de máxima importância.

A criptografia, ou escrita codificada, é muito útil para dificultar a espionagem. Tal escrita deve ser recomendada para a troca de informações entre os envolvidos nos projetos sigilosos, que não podem ser conhecidos pela concorrência, ou de documentos que contenham fórmulas, projetos ou procedimentos secretos. Exemplo de criptografia é a escrita *L33T* ou *Leet*, ou “elite” em português, que era usada pelos *hackers* na década de 80 para discutir suas técnicas e façanhas, sem que fossem descobertos pelos *sites* de busca. Tal criptografia consistiu em substituir algumas letras por números, tal como:

A = 4 ou @

B = <

D = I)

E = 3

F = ph

H = I-I

I = 1

K = I<

L = 1 ou I_

M = IvI ou I/I

T = 7

O = 0

S = 5 ou $

V = /

Assim sendo a expressão 0I_@,<0I/I0 /@1? significa "Olá, como vai"?

Escritas Indiretas

As escritas indiretas ou impressões são aquelas produzidas através de processos artificiais. Elas podem ser classificadas em três grupos principais, representados pelas mecanografias, xerografias e fotografias.

As mecanografias são as seguintes:

a) *datilografia* — processo mecânico realizado através de máquinas de escrever, que possuem leques de hastes metálicas ou margaridas plásticas com os tipos em relevo;

b) *impressão matricial* — é o processo através do qual os caracteres são produzidos por seqüências ordenadas (vertical e horizontal) de pontos impressos por impactos de agulhas sobre uma fita entintada e o suporte;

c) *impressão a jato de tinta* — é o processo através do qual a agulha da impressora aplica com jatos a tinta sobre o suporte;

d) *tipografia* — é o processo que utiliza como matriz fios de latão e clichês resultantes da união de vários tipos (*monotype*) ou fundidos numa só linha metálica (*linotype*);

e) *flexografia* — é o processo da relevografia em que a matriz é de borracha e a tinta utilizada é de baixa viscosidade e rápida secagem;

f) letter-set — é a impressão tipográfica indireta, rotativa. Também é conhecida como *offset* seco, pois a impressão da chapa é transferida para o *cautchu*, que imprime sobre o papel;

g) litografia — é o processo da planografia que emprega como forma de impressão uma pedra à base de carbonato de cálcio, e é baseado na repulsão entre a água e os corpos gordurosos;

h) offset — processo resultante da evolução da litografia, também baseado no princípio da repulsão entre as tintas graxas e a água, porém com três cilindros, o da chapa, o do *cautchu* e o de impressões;

i) timbrado — a matriz é uma chapa de aço gravada a buril, estando as zonas impressas em baixo-relevo. A impressão fica em relevo sobre o papel através de prensa de alta pressão;

j) talho-doce ou calcografia — é o processo de impressão em relevo produzido através da transferência de tinta pastosa dos sulcos da matriz encavada, geralmente em cilindro de aço doce, para o suporte;

l) rotogravura — é o processo encavográfico mais conhecido. Consiste num sistema rotativo com os cilindros-matriz imersos em tintas. Os cilindros são gravados pela formação de alvéolos, que possuem profundidades variadas, permitindo contrastes acentuados;

m) serigrafia — é o processo que se utiliza de tela de fio sintético como matriz. As partes dos contornos da impressão são impermeabilizadas com material não poroso, permitindo a passagem da tinta nas pontas permeáveis com o auxílio de um esfregador de borracha.

As xerografias são escritas indiretas modernas e revolucionárias, cujos principais agentes de impressão são a luz, a eletricidade e o *toner*. Elas podem se apresentar das seguintes formas:

a) reprografia xerox — é o processo de cópia em que a matriz pode ser qualquer documento original ou cópia que, focalizado através da lente devidamente iluminada, reflete a imagem numa superfície carregada de eletricidade estática, geralmente um tambor recoberto de selênio.

Ao receber a imagem latente, o tambor mantém a carga estática sobre ela, descarregando os trechos de áreas brancas. A imagem carregada torna-se visível através do giro do tambor para a atração do *toner*, que é posteriormente transferido ao papel e nele fixado por aquecimento e pressão.

b) *impressão a laser* — é o processo de impressão que produz a eletricidade estática por raio laser diretamente no suporte.

IMPRESSÃO JATO DE TINTA

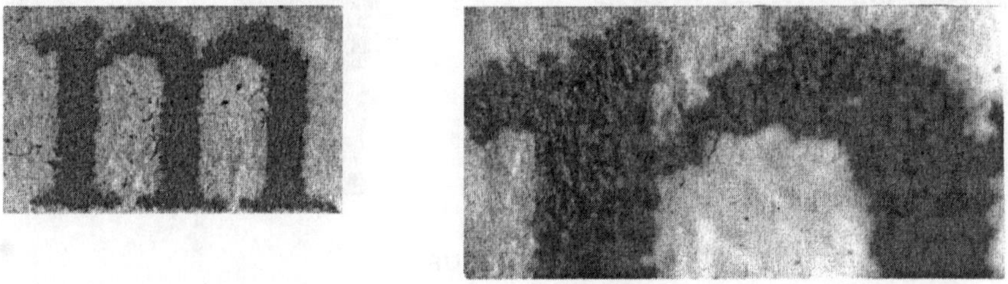

IMPRESSÃO XEROGRÁFICA

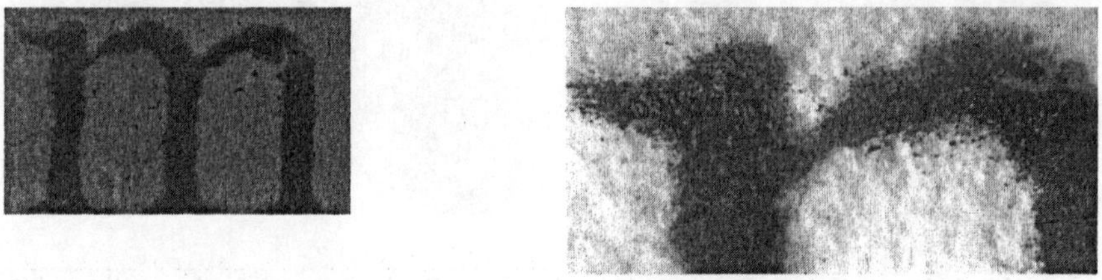

MÁQUINA DE ESCREVER (Poliéster)

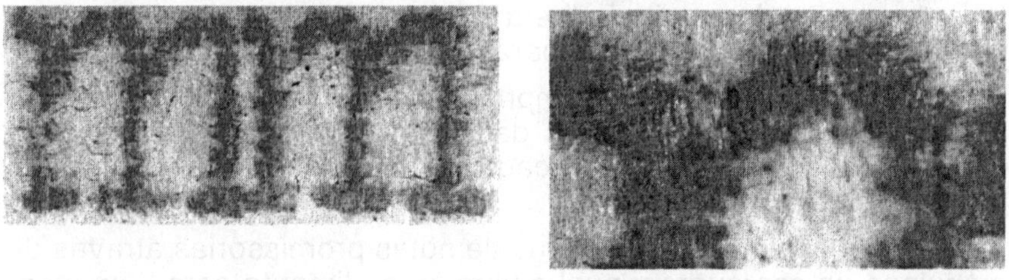

DATILOGRAFIA — MÁQUINA ELÉTRICA (Polietileno)

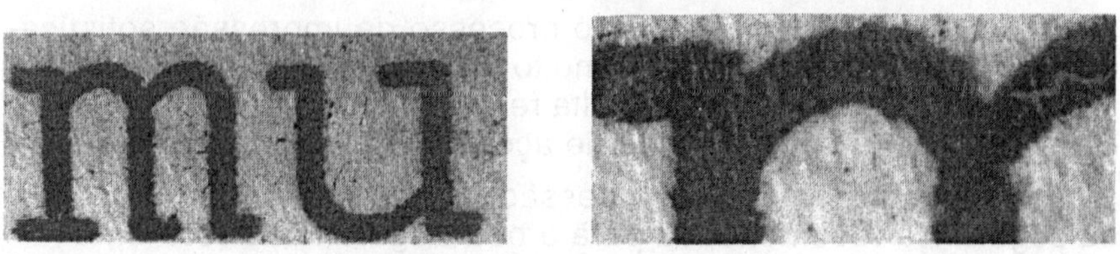

OFFSET

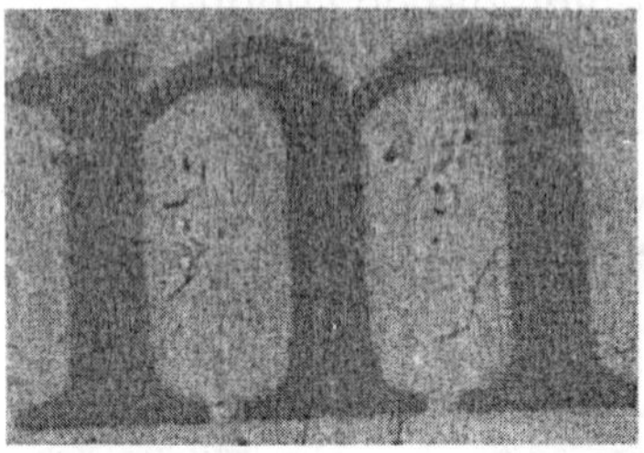

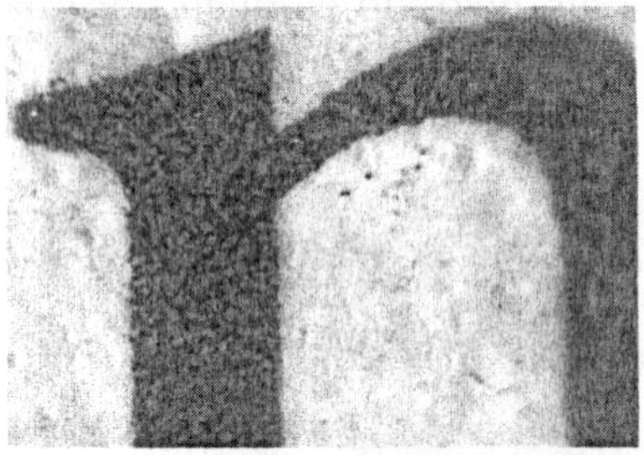

ROTOGRAVURA

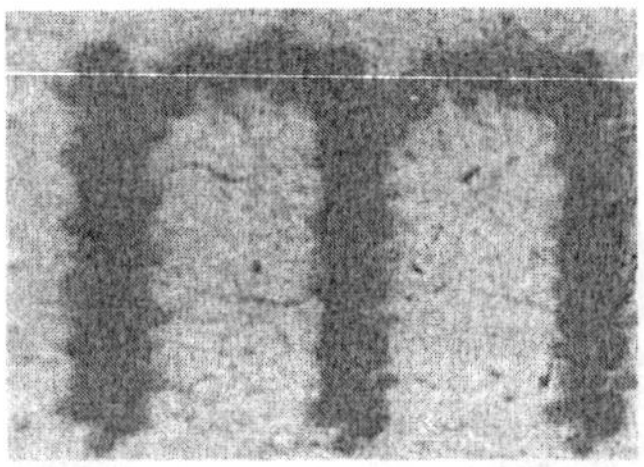

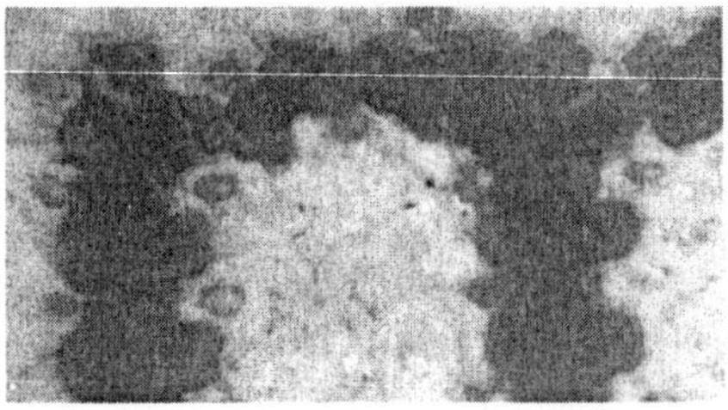

As fotografias são as reproduções de imagens pela aplicação dos fenômenos da câmera escura em chapas revestidas com substâncias sensíveis à luz ou por processo digitalizado.

A seleção da escrita indireta adequada para cada documento também é medida preventiva para se evitar crimes documentais.

Quanto mais simples a impressão, maior a facilidade de sua identificação. Assim sendo, as datilografias são impressões facilmente identificáveis, ou seja, cada máquina de escrever tem seu personalismo.

O preenchimento dos claros de notas promissórias através de máquinas de escrever manual é bom procedimento para bem identificar a origem, principalmente se tal máquina está devidamente cadastrada na empresa.

A calcografia por sua vez é processo de impressão sofisticadíssimo, de difícil falsificação, muito recomendado para documentos públicos ou particulares de alta relevância, tais como as cédulas de papel-moeda ou impressos de ações ou títulos públicos.

A seleção do tipo de impressão, portanto, também é medida de segurança recomendada para a boa Segurança Documental.

Tintas

São os componentes químicos líquidos ou pastosos, fixados ao suporte por penetração ou ancoragem, que apresentam características e propriedades passíveis de avaliação por exames e ensaios da viscosidade, rigidez, *tack*, intensidade, brilho e cor.

Os exames oculares do brilho e cor revelam-se importantes para a Segurança Documental.

A seleção do tipo de tinta pode se constituir de medida preventiva importante, sendo aqueles mais conhecidos os seguintes:

a) dosada — formulação apropriada;

b) reagente — provoca manchas quando submetida à alteração;

c) invisível — visível somente através do ultravioleta;

d) ovi (optical variable inks) — tintas que possuem variabilidade de cores consoante o ângulo de visão do observador;

e) lavável — tinta que dissolve na presença de água ou solução química apropriada;

f) metamérica — alternância de cor sob luminosidades variadas;

g) sangrante — tingem o suporte de vermelho quando manipuladas;

h) metálica — possui pigmentação com partículas metálicas que propicia brilho;

i) termocrômica — alternância de cor sob variação de temperatura;

j) magnetizada — reage quando submetida a campo magnético.

Instrumentos Escreventes

Os instrumentos escreventes podem ser classificados em dois tipos: diretos e indiretos.

Os instrumentos diretos são aqueles que transmitem as forças do gesto de escrever diretamente ao suporte, tais como canetas, lapiseiras, lápis e outros.

Os instrumentos indiretos são os equipamentos utilizados nas impressões dos textos, como as máquinas de escrever, as impressoras, as máquinas de xerox e outras.

Os dois tipos de instrumentos costumam ser utilizados conjuntamente na elaboração de documentos.

A circunstância de existirem instrumentos escreventes viciados ou inadequados para a elaboração de documentos importantes, requer a adoção de determinados cuidados na seleção e utilização dos mesmos.

A seleção do instrumento escrevente é medida de segurança documental a ser adotada na consultoria.

Dispositivos de Segurança

Os dispositivos de segurança são particularidades que personalizam os documentos, dificultando as fraudes. São elementos importantes no desenvolvimento do projeto gráfico na fase do planejamento da Segurança Documental. Eles podem ser incorporados aos suportes e aos registros gráficos.

Os dispositivos de segurança mais comuns são os seguintes:

Nos Suportes

a) marca d'água — é uma imagem da combinação de luz e sombra incorporada ao papel, que pode ser visualizada por transparência;

b) fibras coloridas — fibras de uma ou várias cores inseridas aleatoriamente na massa do papel durante sua fabricação;

c) *planchetes* — são minidiscos de papel ou plástico, visíveis ou invisíveis, em formato determinado, usualmente hexagonais, introduzidos na massa de fabricação do papel, que não são reproduzidos nas reprografias ou *scanners;*

d) *hilites fluorescentes* — são partículas microscópicas introduzidas na massa de fabricação do papel, entre 100 e 250 mícron de diâmetro, visíveis ou invisíveis, que não se reproduzem nas reprografias ou *scanners*, e são usados em pequenos documentos;

e) *couché iridescente* — é um revestimento constituído por pigmentos que difratam a luz, provocando variação ótica com efeito brilhante em duas tonalidades, conforme o movimento da folha;

f) reagentes químicos — líquidos introduzidos no papel que provocam manchas quando o mesmo é submetido à lavagem química;

g) fios coloridos — fios introduzidos no corpo do papel, com inscrições ou magnetismo;

h) fibras especiais — provenientes de outros materiais, tais como minerais, *nylon*, lã, cereais etc., que são inseridas na massa do papel durante a fabricação;

i) pigmentos e corantes — produtos químicos adicionados à massa do papel para definir cores específicas;

j) formato ou dimensão própria — através de corte apropriado;

l) bordas especiais — com picotes ou serrilhados.

Nos Registros Gráficos

a) timbrado — desenho ou marca própria;

b) ornatos em relevo — arabescos em relevo através do talho-doce;

c) guilhoches — rosetas formadas por finas linhas entrelaçadas formando desenhos geométricos que provocam efeito anti-*scanner;*

d) imagem latente — impressão não visível sob ângulo normal de observação;

e) registro coincidente — impressões de desenhos coincidentes em ambos os lados do suporte;

f) microletras — impressões microscópicas em tênue linha;

g) códigos — combinações de algarismos, letras e outros registros, visando utilização específica;

alfanuméricos — normalmente letras e números seqüenciais para identificar protocolos e outros procedimentos administrativos, usualmente impressos através de carimbo;

barras — combinação binárias com traços de diferentes espessuras para leituras ópticas;

ocr (optical characters recognition) — códigos para identificação em passaportes;

cmc-7 (code magnetic characters) — código de barras magnéticos muito utilizado no meio bancário;

h) fundos decorativos — impressões em tonalidades suaves ou invisíveis dos seguintes tipos:

arco-íris — cores variadas;

moiré — efeito ótico de ondulação;

fluorescência latente — tinta invisível a olho nu e visível sob a ação de raios ultravioleta;

invisível — formado com tintas que se revelam apenas sob a incidência de raios ultravioletas;

registro — impressões simultâneas no anverso e verso;

reforço de traço — engrossamento proposital em determinados traços;

imagem secreta — impressão de sinal em posição estratégica;

falha técnica — proposital em algum trecho do desenho;

dispositivo anticópias — imagem incorporada ao fundo principal que se revela quando da tentativa de cópia indevida;

efeito duplo tom — composições de tons leves e similares visando confundir e dificultar as cópias indevidas;

numismático — formado por traços paralelos com variação de direção que forma imagem tridimensional;

A seleção e composição dos dispositivos mais adequados para a segurança documental faz parte do rol de cuidados da fase de projeto gráfico.

Nos Grafismos

a) campo gráfico — dimensões apropriadas;

b) morfologia — preferencialmente legível;

c) posicionamento — afastados das bordas e única face;

d) espaço — sem obstáculos e claros no entorno.

Nas Impressões

a) posicionamento — afastados das bordas;

b) espaçamentos — constantes;

c) impressões — equipamentos comerciais;

d) fontes — selecionadas previamente e de fácil leitura;

e) finalizações — destacadas com tracejados ou similares.

Nas Formalidades

a) título — preferencialmente na abertura;

b) local e data — indicação do município, dia, mês e ano;

c) identificação — da máquina (n. série) e assinantes (RG);

d) disposição do texto — igual em todas as folhas;

e) seqüência — ordenada e numerada;

f) fecho — texto indicando o número de folhas.

Nos Acessórios

a) colagem — peça aderida ao suporte (selos, adesivos etc.);

b) lacre — registro com resina;

c) chancela — registro com sinete;

d) perfurado — registro através de perfuratriz;

e) carimbo — registro entintado ou sulcado (relevo a seco);

f) plastificação — película que reveste o suporte;

g) brochado — costura ou grampeamento;

h) holografia — dispositivo ótico que oferece imagens tridimensionais através de raio *laser;*

i) pixelgrama — imagens com concentrações de mil pontos por polegada realizada por computadores;

j) kinegrama — imagens com acentuadas concentrações de traços por polegada;

l) confirm3m — laminado com retro-reflexão por camadas de micropartículas de vidro provocando imagem reflexiva;

m) acabamento — detalhamento das bordas.

LACRE DE SEGURANÇA EM DIPLOMA

Diploma de formando da Faculdade de Direito da USP de 1947.

Nos Atos Notariais

a) reconhecimento de firmas:

— *por semelhança* — confrontação ficha;

— *por abonação* — (terceiros);

— *semi-autêntico* — declaração do autor;

— *presencial* — na presença do notário;

b) autenticação de cópia — identidade com o original;

c) registro de títulos e documentos — protocolização e microfilmagem.

DISPOSITIVOS DE SEGURANÇA

HOLOGRAFIA

MARCA D'ÁGUA

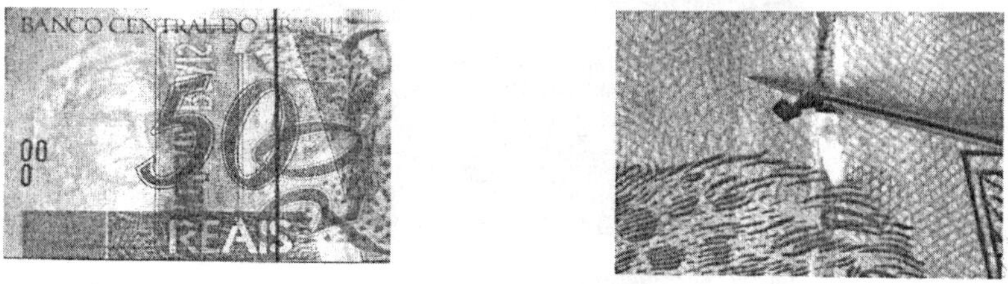

FIO DE SEGURANÇA

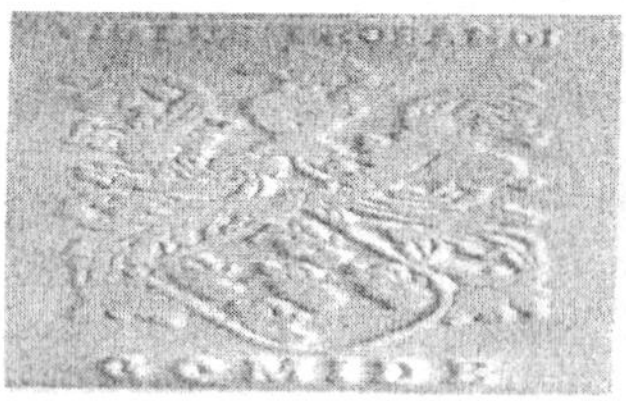

RELEVO A SECO

PLANCHETES

Modelo de Projeto Gráfico

Nota promissória

Trata-se de documento financeiro emitido por pessoa que se compromete a pagar um crédito a outrem, em data futura.

As características e os requisitos para se desenvolver o projeto de segurança de uma nota promissória são os seguintes:

1) *finalidade* — garantia de empréstimo;

2) *uso* — empresarial;

3) *tiragem* — individual;

4) *grau de segurança* — médio;

5) *custo* — baixo.

O projeto recomendado para atender aos requisitos exigidos deve conter os seguintes dispositivos de segurança:

a) suporte — formato próprio;

b) registro — timbrado e fundo moiré:

c) escrita indireta
- anopistógrafo
- impressos
  - texto — tipografia ou *offset*
  - claros — datilografia ou impressão matricial
- fontes
  - texto — uma única
  - claros — uma única
- espaçamentos — constantes
- finalizações — destacadas

d) escrita direta
- claros — data, dados pessoais e assinaturas
- pautas — na data, dados pessoais e assinaturas
- instrumento escrevente — caneta-tinteiro ou esferográfica

e) formalidades
- títulos na abertura
- identificação da máquina

As notas promissórias são documentos que merecem atenção especial quanto à segurança, pois são constantes as fraudes com alterações (datas e valores), falsificações ou disfarces de assinaturas.

Recomenda-se, para se evitar as alterações, a inclusão de alguns requisitos de segurança de registro e escritas indiretas, sendo conveniente alguns preenchimentos manuscritos, além das assinaturas dos emitentes, para se dificultar as tentativas de fraudes em relação às identificações dos autores.

Normas Técnicas

A implantação de normas técnicas para a devida classificação documental, formalização, circulação e arquivamento é medida indispensável para a boa Segurança Documental.

Normas genéricas, de caráter obrigatório, como a prévia leitura de qualquer documento antes de se firmar a assinatura ou ainda a recomendação de se fragmentar documentos sem uso, facilitam inclusive o bom funcionamento empresarial.

As utilizações delituosas dos documentos podem ser combatidas através de normas que intimidem os agentes criminosos, propiciem eficazes apurações dos crimes e colaborem para a preservação documental.

As normas técnicas para se minimizar as *fraudes gráficas*, por exemplo, inibem expressivamente a ação delituosa. Em muitos casos essas normas podem ser as seguintes:

Contrafações — incluir dispositivos de segurança em abundância ou de excelência pela raridade e dificuldade de reprodução nos impressos — cuidados especiais no projeto gráfico; exames de constatação das especificações dos documentos recebidos de terceiros.

Alterações — suportes com dispositivos de segurança — cuidados especiais no projeto gráfico e recomendações de preenchimentos adequados; exames de constatação das condições físicas dos documentos de terceiros.

Falsidades Gráficas — sempre que possível providenciar acompanhamento presencial dos lançamentos de terceiros com identificação prévia e verificação do comportamento do escritor; quando possível proceder a expeditos cotejos grafoscópicos com padrões de confronto; projeto de assinatura segura dos colaboradores da empresa, através de consultoria grafoscópica, *vide* apêndice, lançamento em campo adequado e utilização de instrumentos escreventes e tintas especiais.

Autofalsificação — prever acompanhamento presencial nos lançamentos das assinaturas e inserções de outros manuscritos de terceiros, bem como proceder a confronto grafoscópico com a assinatura de documento de identificação (algarismos do RG, endereço etc.).

Simulação de falso — proibir a circulação descuidada do documento e estabelecer arquivamento seguro de documentos passíveis dessa fraude.

Anonimografia — preservar as correspondências para possibilitar exames datiloscópicos, encaminhar as correspondências seqüenciais suspeitas ao perito sem abrir os envelopes, em caso de manuseio utilizar luvas, não divulgar o conteúdo da correspondência.

Falsidade Ideológica — jamais assinar documento em papel "em branco" ou impressos com seus claros sem preenchimentos.

Plágios — inserir dispositivos e *designs* raros nos impressos — cuidados especiais no projeto gráfico; proceder a exames das especificações dos documentos, principalmente embalagens de terceiros.

Clonagens — fiscalizar e controlar a produção documental; examinar as especificações dos documentos de terceiros, bem como seu comportamento.

Montagens — dificultar a aceitação de documentos xerocopiados, preferir sempre os originais; controlar e fiscalizar o uso das máquinas copiadoras.

Recomenda-se, também, a especificação de suportes resistentes a rasgaduras, baixa permeabilidade e com o menor teor de combustão possível, contra os danos.

A seleção dos equipamentos impressores e instrumentos escreventes, através de normas, também é bastante recomendável.

Circulação

Os documentos devem circular com critérios preestabelecidos, visando protegê-los dos prováveis crimes e danos documentais, tais como a espionagem, a violação e o roubo.

São recomendáveis invólucros adequados, tipo envelopes, pastas, sacos de lona, ou outros, e, dependendo da quantidade e importância, os mesmos podem ser lacrados até mesmo com pequenos cadeados.

Os meios e veículos de transporte devem ser protegidos contra eventuais ataques criminosos e intempéries.

Deve-se determinar previamente o roteiro e as pessoas responsáveis pela circulação, para o devido controle.

A circulação de documentos financeiros, tais como papel-moeda, cheques e outros requer cuidados especiais, muitas vezes com a contratação de empresas especializadas em transporte de valores.

Arquivamento e Preservação

Os documentos devem ser guardados em locais adequados, protegidos contra as intempéries, insetos, sinistros etc. Além dos cuidados normais de arquivamento deve-se criar dispositivos que desestimulem tentativas criminosas, principalmente aquelas referentes às violações e espionagens.

Técnicas de arquivamento, protocolamento, monitoramento, climatização ambiente, trituração e outras, são adotadas para a devida guarda documental.

Os recursos especiais de arquivamento, tais como os cofres resistentes à combustão, a plastificação, o enquadramento e outros, também podem ser úteis em diversas situações.

No tocante ao manuseio e guarda dos documentos envolvidos nos crimes documentais, recomendável a adoção de medidas que preservem as características originais, possibilitando, dessa forma, a realização de perícias conclusivas visando a determinação de autoria. Tais medidas são as seguintes:

ARQUIVO DE SEGURANÇA

Detalhe de arquivo incombustível, para guarda de papéis, com isolantes térmicos que propiciam segurança e proteção contra incêndios

1) documentos encontrados em locais de crime não devem ser manipulados diretamente, recomendando-se o uso de pinças para sua movimentação, visando preservar completamente o documento, inclusive as impressões digitais originais, para posterior levantamento;

2) fotografar o documento na situação original, cômodo e áreas lindeiras, antes de retirá-lo do local do crime;

3) os documentos suspeitos devem ser acondicionados em envelopes, preferencialmente de plástico, em locais protegidos contra as intempéries;

4) não violar o documento com quaisquer marcas, escritas, grampos ou clips, nem mesmo acondicioná-lo juntamente com outros;

5) evitar a exposição do documento suspeito a pessoas alheias ao trabalho de segurança.

Treinamento

O treinamento para a implantação da Segurança Documental deve envolver todo o pessoal da empresa.

Os treinamentos, tais quais os projetos gráficos e as normas, devem ser desenvolvidos caso a caso, consoante as necessidades da empresa em estudo; porém, dois tipos são essenciais, um voltado aos usuários e outro aos agentes de segurança. O treinamento do usuário visa os cuidados com a elaboração, circulação e arquivo do documento, enquanto o treinamento do agente de segurança visa prepará-lo quanto aos procedimentos para se combater o crime e dano documental.

Desde o mais recente *office-boy* ao mais graduado diretor todos devem conhecer os procedimentos e medidas preventivas necessárias para se evitar os crimes documentais.

As técnicas de determinação das fraudes gráficas podem ser aprendidas através de treinamentos grafoscópicos específicos, bem como os conhecimentos relativos à elaboração, utilização e arquivo dos documentos.

As técnicas de identificação, apuração de vestígios dos crimes e outros particularidades relevantes dos documentos também favorecem a proteção empresarial e podem ser estudados e aprendidos através de treinamentos.

Os diretores necessitam, também, de treinamento especial, considerando que os grandes contratos e liberações financeiras dependem das formalizações e assinaturas dos mesmos. Aprender a assinar com segurança e também a fiscalizar quem assina, muitas vezes, pode evitar prejuízos incalculáveis.

São recomendáveis, evidentemente, treinamentos mais avançados aos agentes controladores e demais funcionários que deverão certificar o documento e identificar seu portador, para minimizar as possibilidades de equívocos.

O Agente de Segurança deve possuir conhecimentos básicos de Grafoscopia, para proceder aos exames que permitam determinar a originalidade do documento, aplicar técnicas de identificação documental, bem como dominar as rotinas de proteção e preservação documental contra os crimes e danos correspondentes.

Os exames grafoscópicos que determinam as especificações, condições físicas e identidades dos suportes e registros gráficos são desenvolvidos através de constatações, medições e interpretações de suas características e particularidades, cujos resultados possibilitam a determinação da origem do documento.

As especificações dos tipos de suportes, escritas e materiais dos registros gráficos são apuradas nos exames oculares enquanto as avaliações de suas propriedades físicas e químicas, mediante uso de equipamentos de laboratório. A elaboração do quadro de especificações do documento depende do conhecimento dos paradigmas dos suportes, registros gráficos e instrumentos escreventes que o produziram.

Os exames das condições físicas possibilitam constatar a integridade, ou não, do documento, através dos levantamentos das manchas, dobraduras, rasuras, acréscimos, desalinhamentos, enrugamentos, furos, recortes, cruzamentos de traços, debuxos e demais detalhes técnicos. Tais exames requerem o uso de lupas, lâmpadas ultravioletas e infravermelho, lanternas com focos dirigidos, negatoscópio e outros aparelhamentos.

Os exames das identidades mecânicas e gráficas são realizados através das confrontações entre a peça de exame e os paradigmas que revelam as convergências e divergências nos elementos técnicos. Tais verificações são procedidas através de lupas, microscópios e equipamentos de iluminação. O resultado desses exames depende da interpretação e julgamento do examinador quanto ao valor das convergências e divergências que indicarão a mesma origem, ou não.

INSTRUMENTAL GRAFOSCÓPICO

Microscópios, lupas, gabaritos e luminárias

INSTRUMENTAL FOTOGRÁFICO

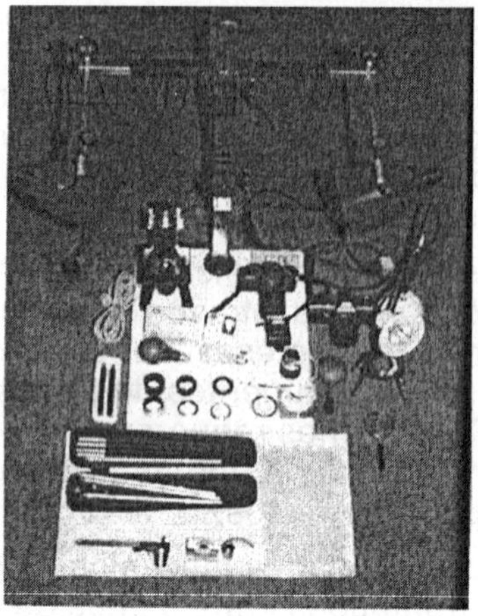

Estativo, máquinas fotográficas, ampliadores e demais esquipamentos

As recomendações mais comezinhas para a realização dos exames grafoscópicos são as seguintes:

- disponibilizar local confortável com mobiliário e iluminação adequados;
- planejar a seqüência dos exames através de *check-list;*
- selecionar os equipamentos necessários;
- realizar seqüencialmente cada exame programado;
- anotar no *check-list* o resultado de cada exame;
- interromper periodicamente os exames para evitar o cansaço da vista e da mente;
- executar fotoampliações dos detalhes para a confirmação dos exames oculares;
- refazer os exames após o resultado da conclusão inicial, para a devida confirmação.

Outras recomendações podem ser adotadas, como a obtenção de cópias reprográficas dos documentos examinados nas diligências externas, para eventual complementação e reexame no laboratório.

Considerando que os principais exames grafoscópicos são interpretativos fica evidente a importância da experiência e capacidade do examinador para obter resultados corretos, recomendando-se consultar Peritos Grafoscópicos para os casos relevantes.

As programações dos cursos de treinamento deverão ser preparadas após o conhecimento das rotinas empresariais e objetivos de segurança determinados.

Coletânea de Padrões

O êxito dos exames grafoscópicos destinados a apurar identidades gráficas depende da integridade física dos documentos contestados e da boa qualidade dos padrões de confronto.

Cientes dessas particularidades as pessoas envolvidas nos exames grafoscópicos costumam adotar medidas acauteladoras quanto ao manuseio e guarda dos documentos contestados, visando preservar as suas condições originais. A outra precaução fundamental para o bom resultado dos trabalhos periciais é a utilização de padrões de confronto de boa qualidade, que atendam plenamente aos requisitos essenciais recomendados pela autenticidade, quantidade, contemporaneidade e adequabilidade.

No entanto, a casuística pericial tem demonstrado que a principal problemática dos exames recai justamente nos padrões de confronto disponíveis para os exames, pois muitas vezes eles não atendem aos requisitos necessários, falhando principalmente no que tange à contemporaneidade.

Dificuldades na obtenção de material gráfico de suicidas, pessoas assassinadas, desaparecidas ou seqüestradas também podem ser obstáculos nas soluções dos crimes. Assim sendo, visando eliminar esses obstáculos técnicos, que podem até impossibilitar a apuração de crimes documentais, as pessoas e empresas mais precavidas mantêm uma coletânea própria de padrões gráficos, como medida de Segurança Documental. Essa coletânea deve conter materiais gráficos obtidos consoante as boas normas técnicas, em suportes previamente preparados e com periodicidade máxima de dois anos. Os preenchimentos manuscritos de fichas apropriadas para os visitantes e funcionários também se constitui de medida preventiva de muita utilidade no meio empresarial.

A coletânea de padrões gráficos é medida de proteção fundamental no âmbito empresarial, e, apesar de subsidiária, complementa a segurança dos documentos com grafismos. A título exemplificativo juntou-se modelo apropriado no capítulo 5, referente ao material gráfico de José Carlos Mirvan Filho; *vide* págs. 97 a 100.

Casos Práticos

Os delitos envolvendo documentos empresariais ocorrem nas mais variadas áreas e seções de trabalho, mas a grande maioria visa atingir aquelas voltadas às liberações de pagamentos e mercadorias.

Sabendo-se que os principais pagamentos referem-se às despesas com fornecedores e funcionários, deve-se implantar cuidados especiais quanto aos documentos das operações com esses dois tipos de "colaboradores empresariais".

Os delitos são descobertos pelas auditorias; porém, na maioria das vezes, após as concretizações dos desvios financeiros ou de mercadorias, com os prejuízos e danos já irrecuperáveis.

Assim sendo, importante se conhecer os principais delitos empresariais para se adotar as medidas preventivas indispensáveis para dificultar essas ocorrências.

As auditorias revelam que os principais golpes envolvendo os documentos do Ativo Circulante, Ativo Permanente e Passivo Circulante referem-se, principalmente, a notas fiscais, duplicatas, contratos e recibos falsificados.

Os demais crimes empresariais documentais, tais como os roubos e seqüestros, envolvem, quase sempre, documentos de identificação e bilhetes manuscritos.

Isto recomenda conhecer os delitos documentais mais comuns, que, em geral, são os seguintes:

Notas Fiscais Frias

As contrafacções de talonários, em gráficas clandestinas, visam operações comerciais fictícias. Vendas e serviços fictícios, tais como pagamentos de indenização de seguro por serviço de reparo inexistente em veículo, ou outras transações ilegais, muitas sem o pagamento de impostos, ocorrem com notas fiscais frias ou clonadas. Os cuidados em se produzir impresso de nota fiscal com projeto gráfico aprimorado costuma inibir essas fraudes.

Os comprovantes de recebimentos de mercadorias representados por canhotos com reduzidos campos gráficos também geram problemas, pois facilitam os disfarces gráficos utilizados por aqueles que pretendem negar os recebimentos posteriormente.

Reduz-se a prática desses golpes com o projeto gráfico que dificulte a reprodução fraudulenta das notas em gráficas de pequeno porte. A inclusão de dispositivos de segurança nos impressos e campos gráficos bem definidos e planejados nos canhotos costumam evitar os golpes com notas fiscais.

PROJETO GRÁFICO

CANHOTO DE NOTA FISCAL VULNERÁVEL

CANHOTO DE NOTA FISCAL PROJETADO COM SEGURANÇA

Alterações de Contratos

As modificações contratuais através dos acréscimos ou supressões de cláusulas ou parágrafos, as substituições de folhas, as alterações de datas e os disfarces e falsificações de assinaturas e rubricas são os procedimentos mais usuais desse golpe. Cuidados no projeto gráfico e acompanhamento das coletas das assinaturas e rubricas são fundamentais para maior segurança. Contratos com muitas folhas e anexos devem ser numerados e apresentar continuidade bem definida. Vale destacar que rubricas simplificadas são muito atraentes aos falsários.

Recibos Adulterados

Os recibos de pagamentos são fraudados através de alteração, para aumentar o valor do recebimento ao favorecido. Os recibos de comprovação dos pagamentos de salários e outros benefícios trabalhistas podem ser fraudados através dos disfarces dos funcionários, para posterior negativa de autenticidade e não pagamento.

Impressos bem projetados com suportes que dificultem as rasuras e os acréscimos são prevenções recomendadas nos recibos comuns.

Os recibos trabalhistas devem conter campos para preenchimentos da data e nome por extenso, além do campo da assinatura, para dificultar os disfarces gráficos nas assinaturas.

ALTERAÇÃO POR ACRÉSCIMO

Imposto Sobre Serviços de Qualquer Natureza
NOTA FISCAL DE SERVIÇOS
SÉRIE "E"
37954
ESTACIONAMENTOS
CS PARKING S/C LTDA.
MARCA
PLACA
PREÇO
TOTAL R$

Imposto Sobre Serviços de Qualquer Natureza
NOTA FISCAL DE SERVIÇOS
SÉRIE "E"
37954
Natureza da Operação: ESTACIONAMENTOS
Data da Emissão:
CS PARKING S/C LTDA.
Av. Paulista, 2198 - Cerqueira César - São Paulo - CEP: 01310-300 - SP
Identificação do Veículo
ESTACIONAMENTO
PREÇO
MARCA
PLACA
TOTAL R$

Acréscimo do algarismo "I" no preço e total da nota de serviço

Identificação Indevida

A cédula de identidade apócrifa visa o ingresso de pessoa desautorizada na empresa, permitindo a prática de crimes, tais como os furtos, as espionagens e outros delitos.

O treinamento do agente, com os conhecimentos dos dispositivos que legitimam, ou não, os documentos de identificação, é o procedimento de prevenção mais eficaz, nesse caso.

Prevenção Anti-Seqüestro

A banalização do crime de seqüestro tem levado os possíveis alvos a adotarem medidas preventivas para minimizar o risco dessa operação, independentemente da ação do poder público. Segundo reportagem da revista Época n. 190 (7 de janeiro de 2001) a demanda por consultorias para evitar seqüestros cresceu 30% nos últimos 12 meses, fato justificado, pois o crime aumentou 323% no mesmo período.

As ações criminosas envolvendo o publicitário Washington Olivetto, a execução da senhora de Campinas defronte à própria residência e o trágico desfecho do seqüestro do prefeito de Santo André, Celso Daniel, friamente assassinado após tortura, têm mobilizado a sociedade a reagir, constituindo-se a identificação anti-seqüestro uma ação de inteligência no combate a esse crime hediondo.

O seqüestro é um dos crimes mais complexos e arriscados exigindo detalhado planejamento para a sua realização, cujas etapas principais são as seguintes:

- escolha da vítima;
- levantamento de informações;
- emboscada e fuga;
- prisão em cativeiro;
- negociação;
- pagamento do resgate ou ação policial; e
- libertação da vítima

A prevenção da ação criminosa de cada etapa, também requer minucioso planejamento, para posterior implantação das medidas gerais e específicas de cada protegido.

Ordinariamente, as medidas de segurança de um plano anti-seqüestro costumam ser as seguintes:

- evitar publicidade e ostentação (dificulta a seleção como vítima);
- fugir da rotina e variar os roteiros (dificulta o levantamento de informações);
- implantar sistema de segurança (dificulta a emboscada);
- *manter arquivo de identificação atualizado* (facilita as investigações);
- marcar cédulas de papel-moeda do pagamento do resgate (facilita investigações).

A discrição, fuga de rotina e implantação do sistema de segurança são fatores inibidores do seqüestro, devido à maior dificuldade da operação criminosa, que visa exclusivamente o ganho financeiro, evitando ao máximo as despesas e o confronto armado.

A marcação de cédulas de papel-moeda do pagamento do resgate visa facilitar a perseguição aos criminosos após o pagamento do resgate.

Dentre as medidas de segurança anti-seqüestro inclui-se a prévia identificação do protegido, através da elaboração de seu arquivo pessoal de identificação, devidamente preparado por profissionais especializados. Tal medida visa a garantia técnica da prova de vida nas negociações.

A principal angústia dos familiares da vítima do crime de seqüestro é a constante dúvida quanto às condições da integridade física ou mesmo a própria vida do seqüestrado, motivo da relevância das comunicações.

Se por um lado os seqüestradores querem extorquir os familiares com vultuosas quantias em dinheiro, por outro, os familiares querem provas de que a vítima está viva e com saúde. Esses costumam ser os valores negociados entre as partes para o deslinde do seqüestro.

A vulnerabilidade dos familiares nessa abominável negociação, em decorrência da superioridade do poder de exigência dos seqüestradores, costuma ficar mais prejudicada ainda, com a precariedade da comunicação e o passar do tempo.

Por isso é imprescindível que os negociadores dos familiares da vítima aproveitem ao máximo as informações relativas ao crime, provenham elas direta ou indiretamente, dos criminosos.

As comunicações entre seqüestradores e familiares costumam ser raras e curtas, visando dificultar a identificação e o paradeiro dos criminosos. Tais particularidades justificam a preferência dos criminosos pelos contatos telefônicos, mais práticos e seguros, sem embargo de outras formas de comunicação, tais como as mensagens via *fax, e-mails*, correio, anúncios em jornais, bilhetes via *motoboys* e outras.

As conversas telefônicas, apesar de raras e breves, podem fornecer informações valiosas sobre o crime, desde que analisadas por profissionais especializados. Dados como a nitidez da ligação, o timbre de voz e o sotaque do seqüestrador, o tipo de linguagem, as gírias, os sons do ambiente etc., possibilitam, algumas vezes, a identificação do local ou mesmo do criminoso.

A eventual conversação telefônica do seqüestrado com a família, como meio de prova de que está vivo, para a continuidade da negociação, exige apurado conhecimento da voz telefônica da vítima pelo negociador, para a devida identificação, devendo-se, sempre, admitir a possibilidade de enganos e fraudes. Equívocos pela eventual rapidez de conversação e nervosismo do negociador, ou ainda a fraude, pela transmissão de gravações da voz da vítima ao invés da fala natural, não garantem a prova de vida indispensável às negociações.

Apesar da rotineira precariedade da comunicação telefônica, deve-se investigá-la profundamente, recomendando-se completa gravação de toda e qualquer comunicação através do telefone de contato, inclusive daquelas aparentemente alheias ao crime. São comuns as participações de pessoas aparentemente "insuspeitas", como parentes e empregados de "confiança" no planejamento criminoso.

Quanto à comunicação em linguagem escrita, melhores as possibilidades de identificação do autor, pois a escrita é um dos meios de identificação mais seguros e corriqueiros, destacando-se que a assinatura é o principal registro individual que determina o arbítrio de um ato. A expressão latina *"Verba volant, escripta manent"*, ou seja, "As palavras voam, a escrita permanece", evidencia o destaque da identificação gráfica. Portanto, deve-se incentivar e priorizar as comunicações através de documentos escritos, tais como bilhetes e fotografias.

As fotografias são documentos que permitem avaliar muitos informes sobre as condições físicas da vítima e do local do cativeiro, além de possibilitarem o levantamento de excelentes impressões digitais.

Além da identificação possibilitada pela escrita, os documentos gráficos contêm outros dados técnicos importantes, tais como a origem do suporte e das tintas, e até mesmo impressões digitais, que podem reforçar a identificação do seqüestrado, ou mesmo do seqüestrador.

As mensagens telefônicas e escritas são as mais comuns; porém, peças de roupas, objetos e até mesmo partes do corpo do seqüestrado, também podem servir como mensagens dos seqüestradores, estando a identificação das mesmas sujeitas a procedimentos específicos, tais como a comparação com padrões técnicos que atendam aos requisitos periciais específicos.

As gravações telefônicas envolvendo seqüestros devem ser procedidas por profissionais especializados, através do emprego de equipamentos apropriados e com a utilização de suportes de boa qualidade, para facilitar os exames.

Imprescindível para a identificação científica da voz da vítima, disponibilidade de padrões de confronto adequados, fato raramente atendido, pois os paradigmas de gravações de festividades familiares e outros eventualmente disponíveis nem sempre atendem as exigências técnicas para uma identificação segura, dificultando as investigações.

As identificações de partes do organismo ou de fotografias podem ser realizadas através dos cotejos fotográficos ou exames de DNA. As fotografias familiares nem sempre são suficientes para a confrontação por motivos diversos, tais como distâncias e ângulos incompatíveis, falta da nitidez e anacronismo.

As mensagens escritas dos seqüestradores devem ser previamente examinadas por peritos grafoscópicos experientes, pois a cuidadosa manipulação dos documentos, através de luvas de borracha e pinças, preserva todos os vestígios e costuma possibilitar o levantamento de impressões digitais da vítima e/ou seqüestrador. Apesar da costumeira facilidade na obtenção de cartas, bilhetes e documentos com escritas da vítima, nem sempre os mesmos se apresentam adequados aos exames, dificultando as investigações. Assim sendo, fundamental manter-se arquivo de padrões de identificação adequados aos cotejos periciais para evitar tais dificuldades.

A boa qualidade dos paradigmas de voz, gráficos, datiloscópicos, fotográficos e outros das vítimas é fundamental no processo de identificação da mesma, pois os exames periciais conclusivos baseiam-se nesses elementos comparativos.

Considerando-se que os padrões informais, fornecidos pelos familiares, nem sempre são adequados para os exames, recomenda-se que as pessoas passíveis de se tornarem alvo de seqüestros preparem seus arquivos de identificação com o auxílio de peritos, mantendo-os devidamente atualizados.

Os padrões de identificação fotográfica devem conter vistas de posições variadas (corpo inteiro em pé, sentado, rosto, laterais etc.) e detalhes de determinadas partes do corpo.

Os paradigmas de voz devem possuir falas do locutor com diversas entonações e cuidados técnicos para possibilitar as análises perceptual e acústica exigidas nas perícias de fonética forense.

As amostras das impressões digitais de todos os dedos também são fundamentais no arquivo de identificação. O pronto reconhecimento de qualquer impressão digital depende da determinação dos 12 pontos característicos da sistematização de *Juan Vucetich*, para cada dedo, motivo da relevância de tais padrões datiloscópicos.

COLETA DE IMPRESSÃO DIGITAL EM PAPEL

Aplicação de pó magnético para coleta de impressões digitais em papéis, com uso do pincel magnético Magna Brush

Os padrões gráficos devem conter diversos tipos de escrita, rubricas, assinaturas e desenhos, com textos previamente selecionados.

A identificação pessoal procedida pelo poder público limita-se, em geral, ao arquivo de uma única fotografia, impressões digitais e assinaturas, quando da emissão da Carteira de Identidade. Tais registros são os principais meios de identificação pessoal; porém, nem sempre são adequados como padrões de confronto de identificação.

O poder público não conserva arquivo detalhado e atualizado de dados pessoais da população, apesar da importância de tal medida. Em algumas oportunidades, a precariedade de dados para a identificação dificulta as investigações policiais, como nos casos de desaparecimentos de pessoas, falsidade de documentos e principalmente, nos seqüestros.

Estelionatários aproveitam-se da impossibilidade de se obter padrões gráficos das pessoas falecidas, desaparecidas e seqüestradas para falsificar documentos com datas retroativas, visando a cobrança de dívidas inexistentes, transferências irregulares de bens e outras fraudes, o que evidencia a importância do material gráfico do arquivo de identificação pessoal.

Recomendável, portanto, que as pessoas sujeitas aos eventos acima apontados providenciem particularmente seus arquivos de identificação, visando boa proteção pessoal e familiar.

Um bom arquivo de identificação pessoal deve conter, no mínimo, os seguintes tópicos:

⊃ Dados Pessoais Completos;

⊃ Documentação;

⊃ Descrição Antropométrica;

⊃ Fotografias;

⊃ Material Datiloscópico;

⊃ Material Fonético; e

⊃ Material Gráfico.

Considerando-se as naturais modificações em determinados dados identificadores ao longo do tempo, tais como degradações físicas por envelhecimento, variações normais do grafismo e outras, recomendável a periódica atualização do arquivo de identificação pessoal a cada dois anos.

A segurança pessoal anti-seqüestro requer planejamento e aplicação de uma série de estratégias de comportamento nas mais diversas situações. Tais procedimentos, no entanto, não prescindem de medidas de contingência, na possibilidade da ocorrência do crime, tais como um plano de negociação, a comunicação com a mídia e órgãos de segurança, o resgate e outros.

A apresentação de fotografias, fita magnética com gravação da voz e carta de próprio punho do empresário Roberto Benito Júnior foram as provas de vida fornecidas pelos seqüestradores para o pagamento do resgate de US$ 800.000,00 que resultou na libertação do dono das Casas CEM. A garantia da prova de vida mediante identificação segura possibilitou o "sucesso" dessa negociação.

A disponibilidade do arquivo de identificação pessoal é importantíssima no combate às fraudes documentais e fundamental no decorrer da fase de negociação em seqüestro, na certificação da prova de vida, recomendando-se tal medida a toda personalidade sujeita a esses crimes.

Resumo esquemático

SEGURANÇA DOCUMENTAL

ESQUEMA DAS MEDIDAS PREVENTIVAS

- MEDIDAS PREVENTIVAS
  - PROJETOS GRÁFICOS
  - NORMAS TÉCNICAS
  - ARQUIVAMENTO
  - TREINAMENTO
  - COLETÂNEA DE PADRÕES

SEGURANÇA DOCUMENTAL

ESQUEMA DE DISPOSITIVOS DE SEGURANÇA

- SUPORTES
  - MARCA D'ÁGUA
  - FIBRAS COLORIDAS
  - PLANCHETES
  - HILITES
  - COUCHÉ IRIDESCENTE
  - REAGENTES QUÍMICOS
  - FIOS COLORIDOS
  - FIBRAS ESPECIAIS
  - PIGMENTOS E CORANTES
  - FORMATO PRÓPRIO
  - BORDAS ESPECIAIS
- REGISTROS
  - TIMBRADO
  - ORNATO EM RELEVO
  - MICROLETRAS
  - FUNDOS DECORATIVOS

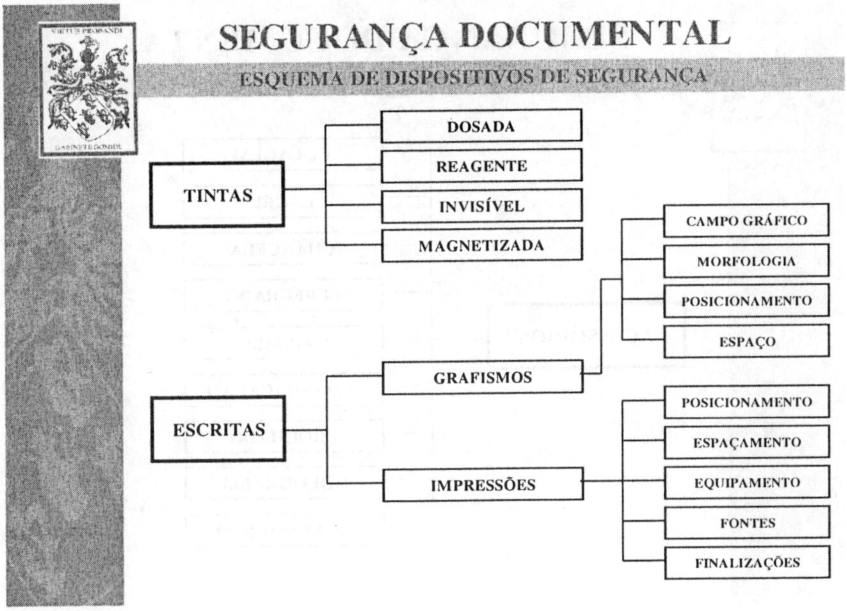
SEGURANÇA DOCUMENTAL
ESQUEMA DE DISPOSITIVOS DE SEGURANÇA
TINTAS
DOSADA
REAGENTE
INVISÍVEL
MAGNETIZADA
ESCRITAS
GRAFISMOS
CAMPO GRÁFICO
MORFOLOGIA
POSICIONAMENTO
ESPAÇO
IMPRESSÕES
POSICIONAMENTO
ESPAÇAMENTO
EQUIPAMENTO
FONTES
FINALIZAÇÕES

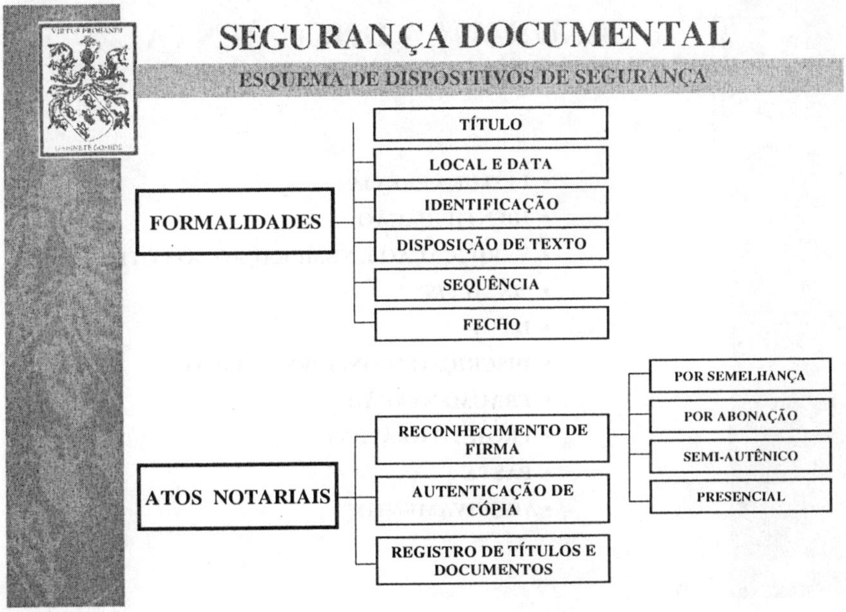
SEGURANÇA DOCUMENTAL
ESQUEMA DE DISPOSITIVOS DE SEGURANÇA
FORMALIDADES
TÍTULO
LOCAL E DATA
IDENTIFICAÇÃO
DISPOSIÇÃO DE TEXTO
SEQÜÊNCIA
FECHO
ATOS NOTARIAIS
RECONHECIMENTO DE FIRMA
POR SEMELHANÇA
POR ABONAÇÃO
SEMI-AUTÊNICO
PRESENCIAL
AUTENTICAÇÃO DE CÓPIA
REGISTRO DE TÍTULOS E DOCUMENTOS

SEGURANÇA DOCUMENTAL

ESQUEMA DE DISPOSITIVOS DE SEGURANÇA

- ACESSÓRIOS
  - COLAGEM
  - LACRE
  - CHANCELA
  - PERFURADO
  - CARIMBO
  - PLASTIFICAÇÃO
  - BROCHADO
  - HOLOGRAFIA
  - ACABAMENTO

SEGURANÇA DOCUMENTAL

RECOMENDAÇÕES GERAIS

- **LEITURA PRÉVIA**
- **IDENTIFICAÇÃO**
- **VERIFICAÇÃO E NUMERAÇÃO DO LOTE**
- ***"IN ALBIS"***
- **DATA**
- **DISCRIÇÃO / CONFIDENCIALIDADE**
- **FRAGMENTAÇÃO**
- **PROJETO GRÁFICO**
- **PASTA**
- **ARQUIVAMENTO**

4. PLANEJAMENTO DE SEGURANÇA DOCUMENTAL

Generalidades

A Segurança Documental deve ser planejada com base no perfil da empresa e nível de segurança pretendido, devendo ser interativo para o envolvimento e participação de todas as áreas e profissionais dos mais diversos níveis.

Considerando a conexão da Segurança Documental com as demais áreas da segurança empresarial, recomenda-se que o seu planejamento seja efetuado conjuntamente à administração geral da Segurança Empresarial, visando completa integração.

O planejamento da Segurança Documental deve ser desenvolvido através de metodologia específica, compreendida, basicamente, pelas quatro fases seqüenciais, tradicionalmente representadas pela estratégia, tática, operação e controle.

O resultado do sistema de Segurança Documental implantado depende fundamentalmente da qualidade do planejamento, motivo da relevância no preparo de cada uma de suas etapas, visando o melhor desempenho e o menor dispêndio.

Para melhor entendimento do planejamento de Segurança Documental apresenta-se, a seguir, uma descrição resumida de cada fase com ênfase nas principais particularidades.

Estratégia

É a arte de determinar com precisão a melhor defesa contra os crimes e danos documentais (missão) através do conhecimento da política empresarial, do diagnóstico das atuais condições de uso e minuciosa análise de riscos.

O conhecimento da política empresarial indicará o nível de segurança condizente com seu perfil, fator imprescindível para viabilizar a implantação do plano. A rigidez ou flexibilidade da empresa quanto à segurança documental fornecerá subsídios imprescindíveis para a elaboração do projeto mais adequado.

Análise de Riscos

Os riscos a que estão sujeitos os documentos correspondem às ameaças, vulnerabilidades e impactos resultantes.

A análise de risco envolve as avaliações das probabilidades de ocorrência das ameaças, nível de vulnerabilidade documental e dimensão do impacto causado.

As ameaças e vulnerabilidades oferecidas pelos documentos empresariais devem ser diagnosticadas através das análises dos ambientes e pessoas envolvidas com a documentação, bem como de seus valores, operações e recursos humanos envolvidos. Tais análises visam conhecer as variáveis que influenciam na segurança documental, tais como localização, poder econômico, valores, rotinas empresariais, comportamentos dos funcionários, controles, operações de segurança e demais fatores de atratividade e oportunidade ao crime documental.

Os procedimentos para se diagnosticar as ameaças e vulnerabilidades consistem em minuciosas inspeções na empresa, análises técnicas, auditorias administrativas e minuciosas entrevistas com os funcionários e demais colaboradores, dentre eles a própria diretoria, e até mesmo alguns clientes, para se conhecer a rotina documental.

A análise das possibilidades criminosas, com simulações baseadas no raciocínio criminoso, são procedimentos recomendáveis para se analisar os riscos, principalmente frente aos golpes e fraudes mais prováveis para a empresa em estudo.

O diagnóstico das atuais condições de segurança em relação às características intrínsecas dos documentos internos e externos possibilita conhecer os fatores técnicos defensivos e as vulnerabilidades existentes, necessários para se definir o projeto gráfico e outras medidas preventivas. Essa etapa deve ser executada através do exame de todos os tipos de documentos que circulam pela empresa, e ainda pelas análises de suas elaborações, utilizações e arquivos.

Imprescindível um "passeio" completo por todas as seções da empresa para se vivenciar o "movimento documental" e poder apreciar os equipamentos, os arquivos, os estoques e outros detalhes que revelem os pontos fortes e fracos da Segurança Documental.

O levantamento dos riscos históricos, tipos de crimes e danos ocorridos, vulnerabilidades conhecidas, bem como a análise desse conjunto em parâmetros percentuais, também colaboram para a elaboração do planejamento com base em dados reais e objetivo definido.

Importante, também, se atentar às causas mais comuns das ações criminosas, relativos ao comportamento humano, ou seja, condutas desonestas, vícios (cigarros, álcool, entorpecentes, jogo etc.), problemas psicológicos (pessoais, familiares, emocionais ou financeiros), lucro criminoso e outros.

O diagnóstico completo, portanto, possibilita estimar as probabilidades e níveis das ameaças e vulnerabilidades, bem como as graduações dos impactos. As soluções para diminuir as possibilidades dos riscos dependem não só do diagnóstico, mas, principalmente, das medidas preventivas recomendadas, fruto da qualidade do trabalho desenvolvido pela consultoria de Segurança Documental.

Quanto aos danos, importante o bom conhecimento das condições sociais, políticas, culturais, geográficas, climáticas e outras que possam causar prejuízos à empresa.

Check-Lists

Todos os levantamentos de dados para a correta análise de riscos podem ser desenvolvidos com o auxílio de *check-lists*, cujos modelos devem ser elaborados para cada consultoria, e que podem seguir estrutura semelhante aos exemplos a seguir:

SEGURANÇA DOCUMENTAL

Empresa:

endereço:

contato:

tel.: fax:

e-mail:

TIPO DE DOCUMENTO:

ESPECIFICAÇÕES

SUPORTE	**DOC. ANALISADO**	**OBSERVAÇÕES**
CARACTERÍSTICAS		
gramatura		
resistência		
cor		
DISPOSITIVOS		
marca d'água		
fibras coloridas		
planchetes		
hilites		
couché iridescente		
reagentes químicos		
fios coloridos		
fibras especiais		
pigmentos e corantes		
formato		
dimensão		
bordas		
TINTAS		
CARACTERÍSTICAS		
líquida		
pastosa		
penetração		
ancoragem		
cor		
DISPOSITIVOS		
comum		
dosada		
reagente		
invisível		
magnetizada		

COMENTÁRIOS

VIRTUS PROBANDI

GABINETE GOMIDE

SEGURANÇA DOCUMENTAL

Empresa:

endereço:

contato:

tel.: fax:

e-mail:

TIPO DE DOCUMENTO:

ESPECIFICAÇÕES		
REGISTROS GRÁFICOS	**DOC. ANALISADO**	**OBSERVAÇÕES**
CARACTERÍSTICAS		
datilografia		
impressão matricial		
impressão jato de tinta		
impressão a *Laser*		
tipografia		
fexografia		
letter set		
litografia		
offset		
timbrado		
talho doce		
rotogravura		
serigrafia		
xerox		
grafismos		
assinaturas		
logotipos		
DISPOSITIVOS		
timbrado		
ornato em relevo		
microletras		
fundos decorativos		
moiré		
fluorescência		
registro		
reforço de traço		
imagem secreta		
folha técnica		

COMENTÁRIOS

VIRTUS PROBANDI

GABINETE GOMIDE

SEGURANÇA DOCUMENTAL

Empresa:

endereço:

contato:

tel.: fax:

e-mail:

TIPO DE DOCUMENTO:

INSTRUMENTOS ESCREVENTES

DIRETOS	**DOC. ANALISADO**	**OBSERVAÇÕES**
caneta tinteiro		
lápis		
esferográfica		
roller ball		
pena		
carga		
normógrafo		
pincel		
hidrográfica		
cor		
intensidade		
INDIRETOS		
máquina de escrever manual		
máquina de escrever elétrica		
impressora jato de tinta		
impressora a *laser*		
impressora matricial		
letter set		
xerox		

COMENTÁRIOS

VIRTUS PROBANDI

GABINETE GOMIDE

SEGURANÇA DOCUMENTAL

Empresa:

endereço:

contato:

tel.: fax:

e-mail:

TIPO DE DOCUMENTO:

ESCRITAS		
GRAFISMOS E ASSINATURAS	**DOC. ANALISADO**	**OBSERVAÇÕES**
campo gráfico		
extensão		
morfologia		
posicionamento		
espaço		
elementos técnicos		
legibilidade		
maneirismos		
IMPRESSÕES		
máquina de escrever manual		
máquina de escrever elétrica		
impressora jato de tinta		
impressora a *laser*		
impressora matricial		

COMENTÁRIOS

VIRTUS PROBANDI

SEGURANÇA DOCUMENTAL

Empresa:

endereço:

contato:

tel.: fax:

e-mail:

TIPO DE DOCUMENTO:

ACESSÓRIOS E ATOS NOTARIAIS

ACESSÓRIOS	DOC. ANALISADO	OBSERVAÇÕES
colagem		
Lacre		
chancela		
perfurado		
carimbo		
plastificação		
brochado		
acabamento		
holografia		
ATOS NOTARIAIS		
autentificação		
registro		
reconhecimento de firma		

COMENTÁRIOS

VIRTUS PROBANDI	**SEGURANÇA DOCUMENTAL**	
	Empresa:	
	endereço:	
	contato:	
	tel.:	fax:
GABINETE GOMIDE	*e-mail:*	

TIPO DE DOCUMENTO:

CONFIGURAÇÕES E FORMALIDADES		
IMPRESSÕES	**DOC. ANALISADO**	**OBSERVAÇÕES**
margens		
posicionamento		
espaçamentos		
impressões		
fontes		
finalizações		
GRAFISMOS		
campo gráfico		
morfologia		
posicionamento		
espaçamentos		
FORMALIDADES		
título		
local		
data		
identificação máquina		
disposição do texto		
seqüência		
fecho		

COMENTÁRIOS

SEGURANÇA DOCUMENTAL	
Empresa:	
endereço:	
contato:	
tel.:	fax:
e-mail:	
CIRCULAÇÃO	
AMBIENTE	**AVALIAÇÃO/OBSERVAÇÕES**
fechado	
ar livre	
isolado	
movimentado	
monitorado	
TRANSPORTE	
trajetória horizontal interna	
trajetória horizontal externa	
trajetória vertical interna	
trajetória vertical externa	
escada	
corredor	
correio — normal	
correio — registrada	
sedex	
office-boy	
pessoa responsável	
empresa responsável	
via terrestre	
via aérea	
via marítima	
INVÓLUCRO	
envelope de papel	
envelope plástico	
pacote lacrado	
pasta simples	
pasta com cadeado	
caixa	
COMENTÁRIOS	

VIRTUS PROBANDI

GABINETE GOMIDE

SEGURANÇA DOCUMENTAL	
Empresa:	
endereço:	
contato:	
tel.:	fax:
e-mail:	

ARQUIVAMENTO	
AMBIENTE	**AVALIAÇÃO**
configuração arquitetônica	
mobiliário	
conforto lumínico	
conforto térmico	
estanqueidade	
funcionalidade	
acessibilidade	
local isolado	
local movimentado	
trancado	
segurança estrutural	
segurança contra incêndio	
segurança no uso	
segurança física	
sistema de segurança	
INVÓLUCRO	
envelope de papel	
envelope plástico	
pacote lacrado	
pasta	
caixa arquivo de papelão	
caixa arquivo plástica	
cofre	
arquivo deslizante aberto	
arquivo deslizante fechado	

COMENTÁRIOS

Tática

A tática subdivide-se em duas vertentes, uma relativa aos recursos e outra referente aos meios necessários para se viabilizar o programa de segurança documental.

Os recursos envolvem as especificações dos equipamentos e projetos gráficos dos diversos modelos de documento (suporte, registros gráficos e acessórios), as seleções dos tópicos dos cursos de treinamento e as logísticas (normas) de elaboração, utilização, circulação e arquivamento dos documentos.

Quanto aos meios necessários para a execução e implantação da tática, em determinado prazo, recomendável a consulta aos fornecedores dos equipamentos para obtenção de informações, a análise da quantidade e qualidade da equipe e o estudo da logística documental.

Operação

A operação do sistema deve ser orientada pelos manuais de procedimento e normas técnicas pertinentes. Tais orientações devem ser redigidas de forma simples e objetiva, permitindo ao leigo o rápido aprendizado.

O treinamento teórico e prático é a melhor opção para o eficiente aprendizado do operador, principalmente com a realização de simulações e testes para a comprovação do bom resultado do ensinamento.

Controle

É o procedimento para avaliar o desempenho do sistema, visando a ação corretiva ou o aprimoramento.

O estabelecimento do padrão de segurança do sistema anterior será a baliza inicial para a comparação dos resultados avaliatórios.

Os comparativos entre dados anteriores e atuais também favorecem a mensuração do desempenho, facilitando a detecção das falhas e anomalias merecedoras de correção.

Testes periódicos e simulações de condições adversas à Segurança Documental permitem avaliar as reais condições para eventuais correções de rumo.

Resumo esquemático

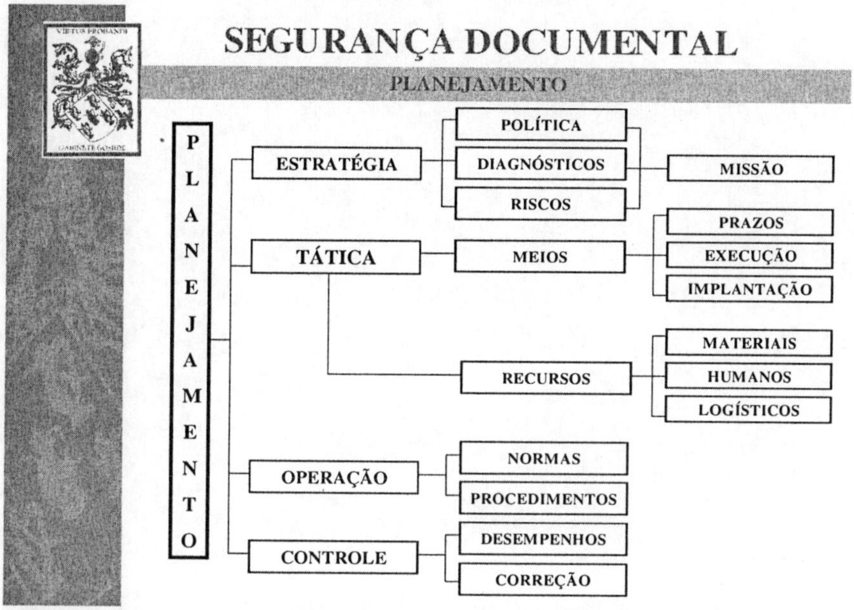

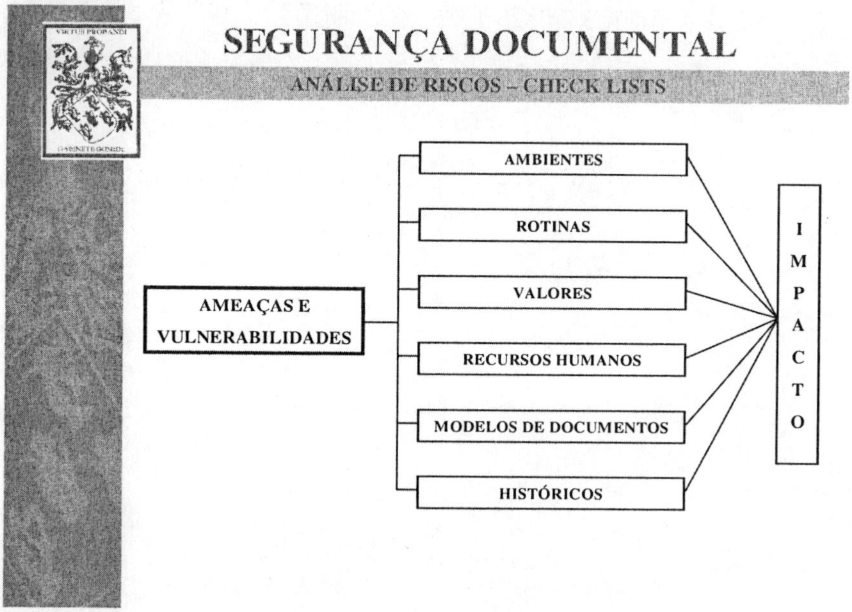

5. CONSULTORIA GRAFOSCÓPICA PESSOAL

Os estudos referentes às condições de segurança das assinaturas e rubricas são importantíssimos para dificultar as falsificações.

Visando apresentar um panorama geral de tal consultoria, apresenta-se, a seguir, um modelo de texto desse trabalho do Gabinete Gomide.

Introdução

O principal meio de expressão e comunicação entre as pessoas é a linguagem, pois traz a marca inconfundível do homem, representada pela inteligência.

A linguagem manifesta-se através da palavra articulada ou escrita, e o seu uso provém da faculdade de aprendizado das pessoas.

Sem embargo da importância da palavra falada, destaca-se a escrita como a forma de maior relevância na linguagem, pois permite o registro permanente do pensamento, consoante a máxima dos romanos:

"Verba volant scripta manent."

O aprendizado da escrita é complexo, envolvendo as duas formas de comunicação: a transmissão e a recepção de mensagens, representados pelo gesto gráfico e pela leitura.

Após o longo período do aprendizado o escritor adquire escrita automatizada, livre e desembaraçada, cuja expressão maior é a sua assinatura. Todo o esplendor da arte de escrever é revelado nessa marca individual, que é de importância fundamental durante toda a vida do homem.

Sob a ótica das formalidades documentais, podemos afirmar que:

"A assinatura é o registro gráfico individual que determina o arbítrio de um ato."

Esse conceito evidencia a relevância do fator segurança no traçado da assinatura, para evitar invasões à individualidade, contrariedade ao livre-arbítrio, ou mesmo prejuízos patrimoniais incalculáveis.

Recomendamos, por sonseguinte, a atenta leitura da presente consultoria para garantir a indispensável segurança gráfica de sua assinatura.

Teoria Básica

A teoria básica está devidamente exposta no artigo "A Beleza de um Gesto", de autoria do professor *Lívio Gomide*, publicado em boletim informativo do Instituto de Polícia Técnica de São Paulo que apresenta a matéria de forma simples e agradável, como se poderá constatar através da sua leitura.

A Beleza de um Gesto

O lirismo do título parece não se coadunar muito bem com os assuntos policiológicos. Todavia, está perfeitamente dentro do campo criminalístico, de vez que vamos cuidar do gesto mais individualizador que existe, daquele que traz em si uma extraordinária dose de quem o executa, daquele, enfim, cujas características identificam o seu autor de maneira indelével, tal o cunho personalíssimo de que se reveste: o gesto gráfico!

Aqueles que lidam com as perícias grafoscópicas, sabem o valor que possui este ou aquele pequenino traço, quando se trata de individualizar um punho escritor. Quantas vezes, nos exames ópticos, o diminuto remate em colchete de uma letra, ou o seu ataque em ponto de repouso, ou certas peculiaridades com que se apresenta este ou aquele sinal diacrítico, não raro somente suscetíveis de serem observados com auxílio de microscópio, — vão desmascarar o falsário hábil ou o traiçoeiro anonimógrafo.

O inolvidável *Solange Pellat*, que reestruturou em bases científicas os exames grafoscópicos, através de suas sábias leis, foi quem fez transparecer em seu livro *"Les lois de l'écriture"*, de maneira lógica e evidente, o acentuado grau identificador da escrita, estereotipado no princípio fundamental de que "os grafismos são individuais". Assim como a própria impressão digital, as escritas absolutamente não se confundem, refletindo a personalidade de cada um, através da peculiaridade de seus movimentos gráficos.

De todos os gestos humanos, nenhum se equipara ao gesto gráfico, no tocante à sua individualização. Se na confecção de uma simples letra, ou na produção de um "mínimo" gráfico, pode o escritor, muitas vezes, ser identificado, imagine-se a convicção com que são expendidas as conclusões periciais no campo grafoscópico, quando são apreciados todos os elementos componentes de uma escrita.

De fato, para se levar a bom termo um exame grafoscópico, obedecendo estritamente as normas técnicas preconizadas pelos mestres, é necessário não deixar de apreciar nenhum dos vários elementos componentes da escrita, sejam de ordem geral, sejam de natureza genética.

A ordem lógica a ser seguida é sempre aquela que parte do geral, para o particular. Assim sendo, devem, primeiramente, ser observados, analisados e interpretados os elementos de ordem geral, representados pelo calibre, espaçamentos, comportamento em relação à linha de pauta ou de base, relação de proporcionalidade gráfica, valores angulares e curvilíneos e inclinação axial. Através desse primeiro estudo, estará o perito capacitado a classificar o grau de desenvolvimento da escrita, as suas constantes gráficas, a espontaneidade ou o artificialismo de sua produção, a firmeza ou indecisão do escritor, e até mesmo certas peculiaridades mais íntimas. No segundo estágio do exame, vão ser esmiuçados aqueles gestos que dão *vida* à escrita, através do desenvolvimento peculiar que cada um imprime ao seu instrumento escrevente, do que resulta o movimento genético, de inestimável valor individualizador, representado pela dinâmica da pressão e progressão, e pela trajetória do traçado, com os ataques, desenvolvimentos, remates, mínimos gráficos e momentos gráficos.

"Le geste graphique est sous l'influence immèdiate du cerveau. Sa forme n'est pas modifiée par l'organe scripteur si celui-ci fonctionne normalement et se trouve suffisamment adapté à sa fonction."

Através dessa primeira lei do grafismo, enunciada por *Solange Pellat* no seu famoso livro *"Les lois de l'écriture"*, verificamos que o gesto gráfico se apresentará sempre com as mesmíssimas características, partindo do princípio de que o mesmo está sob a influência imediata do cérebro. Assim sendo, se o escritor deixa de escrever com a mão direita e passa a fazê-lo com a mão esquerda, com a boca ou com um dos pés, desde que esse novo órgão escritor esteja suficientemente adaptado à sua função, a nova escrita se confundirá com a antiga, com idênticas peculiaridades.

É curioso observar, que sendo o gesto gráfico o mais individualizador que existe, não consegue o próprio autor fugir completamente às suas características gráficas comuns, "traindo-se" aqui ou ali, deixando "marcas" inconfundíveis de sua personalidade gráfica.

Isso é o que ocorre freqüentemente com o anonimógrafo; embora procurando acautelar-se, na produção de seu manuscrito insidioso, disfarçando acentuadamente sua escrita, não raro se utilizando da mão esquerda para produzi-la, mesmo assim deixa indeléveis sinais e marcas, ricos "maneirismos" que se encarregarão de identificá-lo inexoravelmente como autor daquela peça escrita.

Aqueles gestos gráficos aos quais está habitualmente escravizado, e aos quais não consegue fugir, mesmo porque os desconhece, dado que são descobertos pelo técnico com o auxílio de lupas e microscópios, — é que vão incriminar o dissimulador, desmascarando-o.

Sob o ponto de vista grafoscópico, há uma diferença gritante entre dois traços morfologicamente semelhantes, porém geneticamente distintos. Essa distinção é que vai oferecer oportunidade ao perito para distinguir o falso do autêntico, pois o desenvolvimento de uma escrita destrovolvente é completamente antagônico a outra sinistrovolvente, embora reproduzam igual lançamento. São muito comuns, as falsificações produzidas invertidas, isto é, de trás para diante. Nesses casos, o estudo da gênese é que vai possibilitar positivar a existência da forjadura, pelo total antagonismo grafocinético dos traços.

Segundo *Locard*, a perícia gráfica é de todas a mais difícil. De fato, assim é, pois exige do perito profundos conhecimentos técnicos, a par de extraordinário senso de observação, aliado à aguçada perspicácia, fina sensibilidade e acentuada personalidade. Sem essas qualidades, o perito grafoscópico jamais se realizará, não passando de mero fazedor de laudos, inexpressivos e inconcludentes.

A beleza do gesto gráfico, pois, não está na sua estética, no seu colorido, ou na sua forma. Para o perito grafoscópico, o valor de um traço está representado pela sua morfogênese, que lhe dá cunho inconfundível, único, personalíssimo. Eis, nessa síntese, a incomparável beleza que a Grafoscopia vê no gesto gráfico.

Padrões de Confronto

O êxito dos exames grafoscópicos destinados a apurar identidades gráficas depende da integridade física dos documentos contestados e da boa qualidade dos padrões de confronto.

Cientes dessas particularidades as pessoas envolvidas nos exames grafoscópicos costumam adotar medidas acauteladoras quanto ao manuseio e guarda dos documentos contestados, visando preservar as suas condições originais. A outra precaução fundamental para o bom resultado dos trabalhos periciais é a utilização de padrões de confronto de boa qualidade, que atendam plenamente aos requisitos essenciais recomendados pela autenticidade, quantidade, contemporaneidade e adequabilidade.

No entanto, a casuística pericial tem demonstrado que a principal problemática dos exames recai justamente nos padrões de confronto disponíveis para os exames, pois muitas vezes eles não atendem aos requisitos necessários, falhando principalmente no que tange à contemporaneidade.

Assim sendo, visando eliminar esse obstáculo técnico, que pode até impossibilitar a apuração de fraudes gráficas, as pessoas mais precavidas mantêm um arquivo próprio de padrões gráficos, como medida de segurança documental. Esse arquivo deve conter materiais gráficos coletados consoante as boas normas técnicas e com periodicidade máxima de dois anos.

Os padrões de confronto juntados nas folhas seguintes foram coletados consoante projeto desenvolvido especialmente para análises grafoscópicas, tendo sido devidamente protocolados em Cartório de Títulos e Documentos da Capital.

Recomenda-se, portanto, que essa coleção de padrões seja convenientemente preservada, pois constitui prova técnica a ser utilizada inclusive com fins judiciais se necessário.

Material Gráfico de José Carlos Mirvan Filho

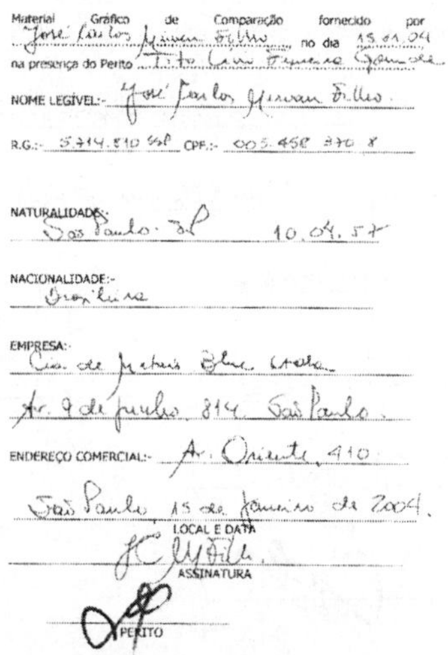
Material Gráfico de Comparação fornecido por José Carlos Mirvan Filho no dia 15.01.04
na presença do Perito [illegible]

NOME LEGÍVEL:- José Carlos Mirvan Filho

R.G.:- 5.714.810 SSP CPF.:- 005.458 [illegible]

NATURALIDADE:- São Paulo - SP 10.04.57

NACIONALIDADE:- Brasileira

EMPRESA:- [illegible]

ENDEREÇO COMERCIAL:- Av. Oriente, 410

São Paulo 15 de Janeiro de 2004

LOCAL E DATA

ASSINATURA

PERITO

Material Gráfico de Comparação fornecido por José Carlos [illegible] Filho

ALGARISMOS:- 0 1 2 3 4 5 6 7 8 9 0

0 1 2 3 4 5 6 7 8 9 0

0 1 2 3 4 5 6 7 8 9 0

MESES DO ANO:- janeiro, fevereiro, março, abril, maio, junho, julho, agosto, setembro, outubro

PADRÃO MONETÁRIO:- novembro dezembro

reais, reais, reais, reais, reais.

DIAS DA SEMANA: segunda feira, terça feira

quarta feira, quinta feira, sexta feira

sábado e domingo SP 15/01/04

LOCAL E DATA

JCM Filho

ASSINATURA

PERITO

Material Gráfico de Comparação fornecido por José Carlos [illegible] Filho

DITADO: A banalização do crime de sequestro tem levado os policiais a adotarem medidas preventivas para minimizar o risco dessa operação.

São Paulo 15 de janeiro de 2004

LOCAL E DATA

JCM. Filho.

ASSINATURA

PERITO

Material Gráfico de Comparação fornecido por José Carlos Mirvau Filho.

ASSINATURAS

São Paulo, 15 de janeiro de 2004

LOCAL E DATA

ASSINATURA

Material Gráfico de Comparação fornecido por José Carlos Mirvau Filho.

ASSINATURAS E RUBRICAS

LOCAL E DATA

ASSINATURA

PERITO

Material Gráfico de Comparação, em papel sem pauta, fornecido por ....

ASSINATURAS

LOCAL E DATA

ASSINATURA

PERITO

Material Gráfico de Comparação, em papel pautado e sem pauta, fornecido por ....

RUBRICAS

LOCAL E DATA

ASSINATURA

PERITO

Ilustrações Fotográficas

Para a boa visualização das principais particularidades do grafismo de *José Carlos Mirvan Filho* foram selecionadas fotografias executadas mediante a utilização de equipamento especializado e em laboratório próprio.

As onze ilustrações fotográficas estão distribuídas nos quadros legendados a seguir apresentados.

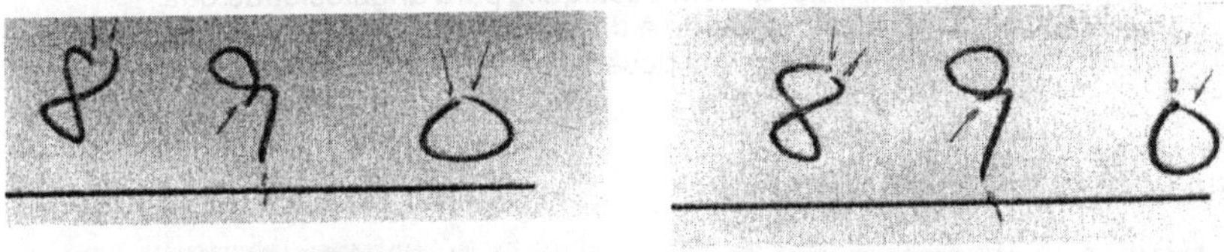

Algarismos "8, 9 e 0" com assinalamentos dos idênticos ataques e remates

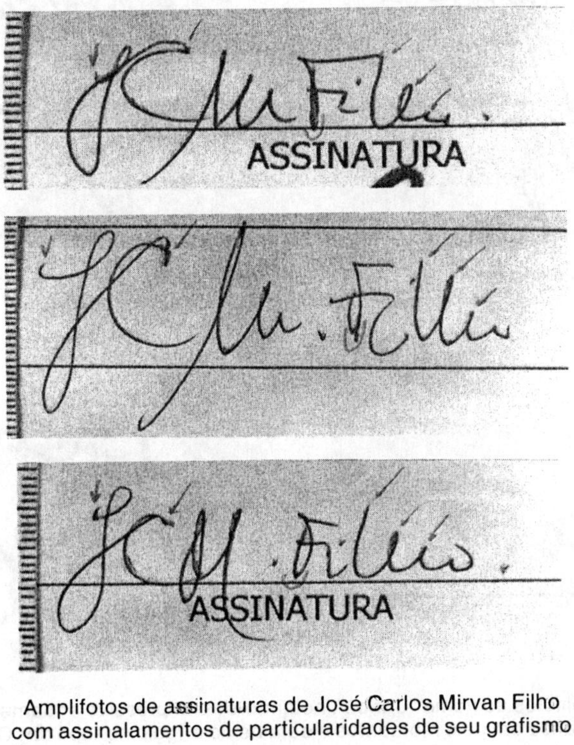

Amplifotos de assinaturas de José Carlos Mirvan Filho
com assinalamentos de particularidades de seu grafismo

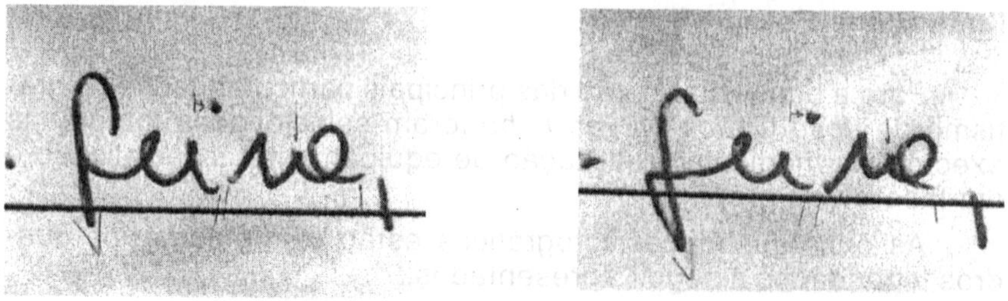

Amplifotos da palavra "feira" com destaques para angulosidade das bases dos "f", deslocamento à direita dos pingos dos "i" e ataque do "a" final e seu desenvolvimento invertido

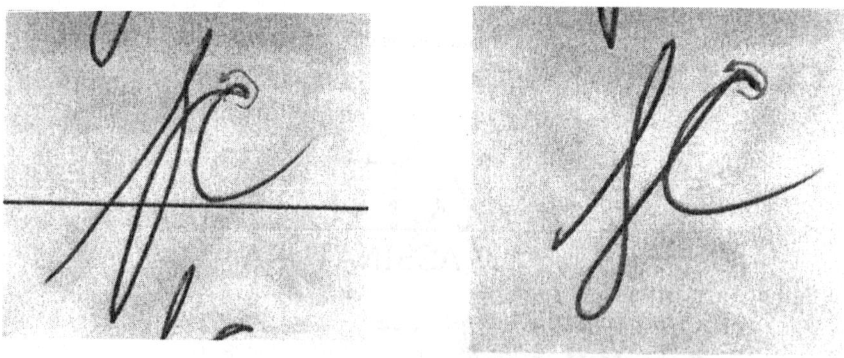

Amplifotos de rubricas de José Carlos Mirvan Filho mostrando a peculiar gesticulação na interligação do "J" ao "C".

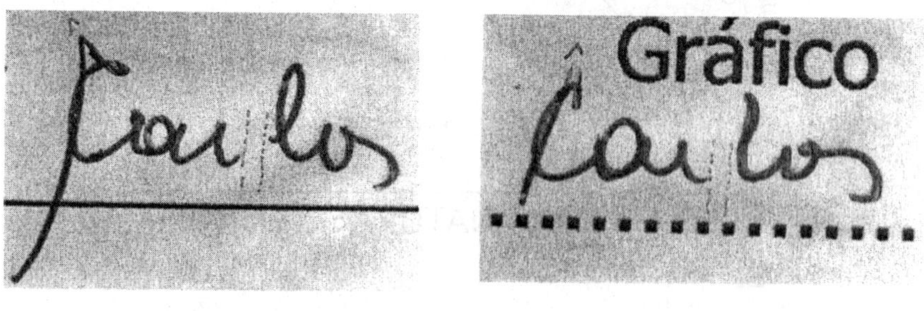

Amplifotos do nome "Carlos", notando-se o expressivo andamento gráfico em dois momentos e detalhe do ângulo no topo do "C"

Análise Técnica do Grafismo de José Carlos Mirvan Filho

Características do Grafismo

• *Grau de Habilidade Escritural*

— regular

• *Disposição da Escrita*

— boa

• *Comportamento Gráfico*

— harmônico com traços firmes e bem definidos

• *Morfologia*

— equilibrada e constante

Elementos Técnicos

(Genéricos)

• *Calibre*

— médio na escrita e grande nas laçadas das assinaturas e rubricas

• *Espaçamentos Interliterais e Intervocabulares*

— constantes

• *Comportamento em relação à Pauta*

— ligeiramente acima

• *Proporcionalidade*

— constante entre as passantes e não passantes

• *Valores Angulares e Curvilíneos*

— predominância curvilínea

• *Inclinação Axial*

— para a direita

(Genéticos)

• *Pressão*

— de média para forte

• *Progressão*

— uniforme e rápida

• *Momentos Gráficos*
— bem definidos
• *Ataques*
— normais
• *Remates*
— predominância de traços desvanecentes
• *Desenvolvimentos*
— grupos homogêneos e bem articulados
• *Maneirismos*
1 — ponto final em pequeno traço
2 — acentos circunflexos arqueados
3 — maiúsculas desenhadas.

Características da Assinatura

• *Campo Gráfico*
— disposição e extensão adequadas
• *Elementos Técnicos*
— todos bem definidos
• *Legibilidade*
— parcial

Características da Rubrica

• *Campo Gráfico*
— impreciso
• *Elementos Técnicos*
— incompletos
• *Legibilidade*
— imprecisa

Recomendações de Segurança Gráfica

A escrita e a assinatura de *José Carlos Mirvan Filho* constituem lançamentos com elevado grau de individualismo, podendo ser consideradas como tecnicamente seguras.

Tratando-se de escrita proveniente de punho evoluído, com traçado rico em elementos técnicos personalíssimos e ornatos bem delineados na escrita e assinatura, — fica dificultada a falsificação.

Dispensável, portanto, a inclusão de traço ou detalhe de segurança adicional na escrita e assinatura.

No entanto, a rubrica, representada graficamente por uma duas laçadas invertidas, representativas do "JC" de "José Carlos", não possui elementos técnicos suficientes para bem determinar sua origem, bem como facilita sobremaneira as falsificações. Nesse sentido recomenda-se ao consulente acrescentar traçados a esse lançamento, sugerindo-se incluir, pelo menos, as representações gráficas das demais maiúsculas de seu sobrenome, ou seja, o complexo "MF" de "Mirvan Filho", resultado em rubrica com extensão gráfica satisfatória, "JCMF".

Importante, também, relembrar as seguintes recomendações acessórias, para maior segurança:

— jamais assinar documento "em branco";

— ler e reler o documento antes de assiná-lo;

— utilizar lançamento informal, tipo autógrafo, em documentos rotineiros;

— evitar ao máximo a divulgação da assinatura;

— conferir o número de folhas dos documentos a serem rubricados, e, se possível, numerar as rubricas;

— quando a identificação e origem do documento forem relevantes (testamentos, declarações, procurações etc.) é recomendável optar por um dos seguintes manuscritos, sob a assinatura:

a) nome por inteiro em cursivo;

b) número do RG;

c) data abreviada.

— para evitar debuxo na folha subseqüente, a escrita ou assinatura deverá ser lançada em folhas isoladas, em suporte rígido;

— em situações suspeitas codificar (*) a assinatura, para facilitar a identificação posterior.

(*) A codificação da assinatura consiste na aposição de sinal secreto, do conhecimento exclusivo do escritor, para, no futuro, confirmar, ou não, o conteúdo do documento codificado. Exemplos:

— ponto situado em lugar estratégico do lançamento;
— pressão mais forte em determinada letra;
— impressão ungueal na folha suporte.

Considerações Finais

O grafismo do consulente sofreu pequenas modificações desde a última consultoria (maio/00); porém, houve descuido no tocante à rubrica que reduziu-se quanto ao campo gráfico, consoante exposto anteriormente.

Recorde-se que a presente consultoria grafoscópica é de natureza estritamente pessoal, recomendando-se ao consulente manter sigilo quanto ao seu conteúdo, por se tratar de assunto confidencial referente à sua segurança documental.

Finalmente deve-se destacar a necessidade da realização de nova coleta de padrões do consulente em 2006, para a continuidade de sua coletânea paradigmática, cujo arquivamento se constituirá de medida preventiva futura.

* * *

Esta consultoria grafoscópica vai impressa em xx folhas deste papel, indo acompanhada de xx fotografias e da coletânea paradigmática, tudo devidamente rubricado pelo infra-assinado.

São Paulo, ...

____

Gabinete Gomide

BIBLIOGRAFIA

ANDRADE, Fred. "Segurança do Planejamento à Execução", Cipa Editora, 2003.

BARRAL, Jean e George Langelaan. "Espionagem Industrial", Agents Editores Ltda., 1969.

BARBA, Wagner Tomás e Jorge Rodrigues da Silva. "Contos do Vigário", WVC Editora, 1999.

BISCHOFF, Marc A. "La Police Scientifique", Payot-Paris, 1938.

BUQUET, Alain. "L'Expertise des Escritures", Presses du CNRS, 1991.

BRASILIANO, Antonio Celso Ribeiro. "Planejamento da Segurança Empresarial", Sicurezza Editora e Distribuidora, 1999.

__________. "A (in) Segurança nas Redes Empresariais", Sicurezza Editora, 1999.

__________ e Miranda Raposo, "Seqüestro... Como se Defender", Editora Forense, 1997.

D'ALMEIDA, Maria Luiza Otero. "Celulose e Papel", e outros Escola Senai "Theobaldo de Nigris" e IPT, 1988.

DIAS, Cláudio. "Segurança e Auditoria da Tecnologia da Informação", Editora Excel Books, 2000.

DIENSTEIN, William. "Technics for the Crime Investigator", Charles C. Thomas Publisher, 1956.

GAJ, Luis. "O Estrategista", Makron Books, 2002.

GIL, Antonio de Loureiro. "Segurança Empresarial e Patrimonial", Editora Atlas, 1995.

GOMIDE, Tito Lívio Ferreira. "Manual de Grafoscopia", Editora Saraiva, 1995.

__________. "Grafoscopia-Estudos", Editora Oliveira Mendes, 1997

__________. "Perícia Grafoscópica", Editora Juarez de Oliveira, 2000.

JESUS, Fernando de. "Perícia e Investigação de Fraude", AB Editora, 2000.

KEYDY, Carlos. "Elementos de Criminalística", Sugestões Literárias, 1968.

LATIERRO, Felix del Val. "Grafocrítica", Editorial Tecnos S/A., 1956.

LOCARD, Edmond. "Manual de Técnica Policíaca", José Montesó Editor, 1943.

MARKUZ, José Bernardo. "Quem tem Medo de Seqüestro", MARTINS, Wilson. A Palavra Escrita, Editora Ática.

MINA, Carlos. "Segurança Empresarial", Idesp.

NETO, Mário Carramilo. "Contato Imediato com Produção Gráfica", Global Editora.

NUNES, Carlos Mauritonio. "Vigilância Patrimonial Privada", LTr Editora, 1996.

OLIVEIRA, Luiz Antonio de. "Como os Empregados Roubam as Empresas", Qualitymark Editora, 1996.

OSBORN, S. Albert. "Questioned Documents", Boby Printing Company, 1946.

PLANTULLO, Vicente Lentini. "Estelionato Eletrônico", Juruá Editora, 2003.

PUGLIESE, Roberto J. "Direito Notarial Brasileiro", LEUD Edição Universitária de Direito.

ROSA, Mario. "A Síndrome de Aquiles", Editora Gente, 2001.

SCHEIER, Bruce. "Segurança.Com", Editora Campus, 2001.

SYLVIO, do Amaral. "Falsidade Documental", Editora Revista dos Tribunais, 1958.

VOLPI, Marlon Marcelo. "Assinatura Digital", Editora Axcel Books, 2001.

ZACCARELLI, Sérgio B. "Estratégia e Sucesso nas Empresas", Editora Saraiva, 2002.

OBRAS DO AUTOR

"Manual de Grafoscopia", São Paulo: LEUD — Livraria Editora Universitária de Direito, 2005.

"Grafoscopia-Estudos", São Paulo: Editora Oliveira Mendes, 1997.

"Perícia Grafoscópica", São Paulo: Editora Juarez de Oliveira, 2000.

"Engenharia Legal-Estudos", São Paulo: Editora Juarez de Oliveira, 2002.

CURSOS MINISTRADOS

- Básico de Grafoscopia
- Avançado de Grafoscopia
- Segurança Documental
- Básico de Criminalística
- Engenharia Legal
- Perícias em Edificações
- Inspeção Predial

Produção Gráfica, Editoração Eletrônica e Revisão: **LINOTEC**
Capa: **ELIANA C. COSTA**
Impressão: **BOOK**